사랑하고 존경하는

_____께 드립니다.

없는 길 새 길 만드신

하나님

김태빈 지음

하나님의 사람을 만들어 가는 ELMAN

없는 길 새 길 만드신

하나님

초판1쇄 2021년 4월 10일

지은이 : 김태빈
펴낸이 : 이규종
펴낸곳 : 엘맨출판사
등록번호 : 제13-1562호(1985.10.29.)
등록된곳 : 서울시 마포구 토정로222
           한국출판콘텐츠센터 422-3
전화 : (02) 323-4060,6401-7004
팩스 : (02) 323-6416
이메일 : elman1985@hanmail.net
www.elman.kr

ISBN : 978-89-5515-686-7 03230

값 12,800 원

없는 길 새 길 만드신

하나님

김태빈 지음

엘맨
하나님의 사람을 만들어 가는 ELMAN

목차

✑ 들어가면서

이 책은 나의 자랑도 아니며 나의 넋두리도 아닙니다. 나의 가는 인생 여정에서 힘들고 어려울 때마다 막혔던 그 길을 열어주시고 힘이 되어 주셨던 분!

그 하나님을 자랑하고 싶고!

그 하나님을 사랑하고!

그 하나님께 감사드리고!

전지 전능하신 하나님께 영광을 돌리고 싶어서 이 글을 쓰게 되었습니다.

문법도 잘 모르고 멋있는 문장도 기교를 부릴 줄도 모르고 그저 있는 그대로를 쓰다 보니 촌스럽기도 합니다.

금번 나는 뜻하지 아니하는 무서운 병에 걸려서 4개월간의 투병생활을 한 적이 있습니다.

50여 일 간 중환자실에서 치료를 받던 중 20여일 경에 나는 분명히 내 마음을 진동하는 강력한 음성을 들었습니다.

그리고 나의 살아온 과거의 나의 모습들을 영화의 스크린의 한 장면 한 장면의 모습들을 보듯이 생생하게 나는 보았습니다.

지나간 나는 과거의 일들은 나름대로 최선을 다하며 살아왔다고 생각하여 왔는데 내가 한일들은 오직 실수하고 실패로 점철된 나날 들이었습니다.

그때마다 하나님께서 나로 하여금 극복하게 하시고 새 길 만들어 주셔서 내가 그 길을 보람되게 걸어 갈 수 있었습니다.

그러니 내가 한 일은 허물투성이 었으며 조금이라도 잘한 일이라고 생각한 것들은 모두가 하나님께서 간섭하시고 역사하셨던 하나님께서 하셨던 것들이었습니다.

이 책은 오직 허물 투성이인 나의 모든 것을 신으로 바꾸셨던 하나님께 영광을 돌려 드리며 그 하나님을 높이고 자랑하려는 의도로 이 글을 하나님께서 보여 주신 사건들을 지면에 옮겼습니다.

창원 전원교회에서

2014년 10월 1일
저자 김태빈

❧ 하나님께서 만드신 새 길

새 길!

우리 인간 사회에서는 사람들은 살아가면서 인생의 새 길을 찾으려고 백방으로 힘쓰고 노력해 보지만 진정한 새 길은 인생이 찾으려 해도 찾을 수 없고 인생이 새 길을 만들려고 하여도 만들 수 없습니다.

오직 인생의 참된 새 길은 하나님께서 만드신 그 길만이 새 길입니다.

전도서 1장 9-11절에 보면 "이미 있던 것이 후에 다시 있겠고 이미 한 일을 후에 다시 할지라 해 아래에는 새 것이 없나니 무엇을 가리켜 이르기를 보라 이것이 새 것이라 할 것이 있으랴 우리가 있기 오래 전 세대들에도 이미 있었느니라. 이전 세대들이 기억됨이 없으니 장래 세대도 그 후 세대들과 함께 기억됨이 없으리라"고 하였습니다.

이스라엘 백성들이 애굽에서 430여 년 동안 바로의 모진 학정 속에서 고난의 세월을 지내게 되었습니다. 성경 출애굽기 1장 8-14절에 보면 "요셉을 알지 못하는 새 왕이 일어나서 애굽을 다스리더니 그가 그 백성에게 이르되 이 백성이스라엘 자손이 우리보다 많고 강하도다 자 우리가 그들에게 대하여 지혜롭게 하자 두렵건대 그들이 더 많게 되면 전쟁이 일어날 때에 우리 대적과 합하여 우리와 싸우고 이 땅에서 나갈까 하노라 하고 감독들을 그들 위에 세우고 그들에게 무거운 짐을 지워 괴롭게 하여 그들로 바로를 위하여 국고 성 비돔과 라암셋을 건축하게 하니라 그러나 학대를 받을수록 더욱 번성하여 퍼져나가니 애굽 사람이 이스라엘 자손을 인하여 근심하여 이스라엘 자손의 역사를 엄하게 시켜 어려운 노동으로 그들의 생활을 괴롭게 하니 곧 흙 이기기와 벽돌 굽기와 농사의 여러 가지 일이라 그 시키는 역사가 다 엄하였더라."고 하였으니 그들의 노예 생활은 고달픈 나날들이었습니다.

그러나 이스라엘 백성들은 히나님께서 선택하신 하나님의 백성들이기에 하나님은 놀라우신 은총으로 이스라엘 백성들을 해방시키시기 위하여 애굽과 바로에게 열 가지의 무서운 재앙을 내리시어 바로로 하여금 항복하게 하였습니다.

그리고 선택하신 이스라엘 백성들을 젖과 꿀이 흐르는 가나안 땅으로 낮에는 구름기둥으로 인도하시고 밤에는 불기둥으로 인도하시는 하나님의 직접적인 현현으로 이스라엘 백성들을 친히 인도하셨습니다.

하나님의 인도하심 따라 이스라엘 백성들이 광야 길을

갈 때에 그들은 너무나 기뻤고 감격에 넘쳐서 죽음의 땅 애굽을 떠나 소망 중에 행진하게 되었습니다.

200만 명이 넘는 거대한 백성들 청장년분만이 아니라 어린 아이들과 노인들 그리고 수많은 연약한 여인들과 함께 광야 길을 행진하게 되었습니다.

아마도 그들은 꿈에 그리던 젖과 꿀이 흐르는 약속의 땅인 가나안땅에 곧 도착하게 될 것이라고 믿고 즐거움의 행진을 하게 되었습니다.

또한 하나님께서 직접적으로 간섭하시고 인도하시는 길이였기에 아무런 어려움도 없을 것이라고 생각하고 기쁨과 즐거움으로 행진하였을 것입니다.

오랜 세월 동안 노예로 살아온 그들이었기에 어지간한 어려움도 극복할 수가 있었습니다.

또한 희망과 꿈에 부풀어 있었기에 험난한 광야 길을 가야하는 그 길이었지만 그 길이 마냥 즐겁기만 하였을 것입니다.

그리고 크고 작은 어려움은 극복할 수 있었던 것은 그들에게는 오랜 세월 동안 노예로 수없는 고난의 세월을 보내왔기에 광야 길을 걸어가는 데에는 힘들어도 참고 견딜 수가 있었을 것입니다.

또한 이제는 다시는 그러한 고통은 없을 것이라는 커다

란 소망이 가슴 깊이 차고 넘치고있었으며 위대하신 하나님께서 친히 그들을 인도하시고 계셨기에 얼마나 멋있는 광야의 길이었겠습니까?

그런데 그렇게도 소망 중에서 즐겁게 행복감에 도취되어 하나님의 인도하심 따라가는 그들에게 엄청난 어려움과 인간으로서는 해결할 수도 없는 극한 난관이 기다리고 있었습니다.

그들은 오직 하나님의 인도하심만 바라보고 따라갔으며 낮에는 구름 기둥으로 밤에는 불기둥으로 기적 중에서 하나님의 은총을 매일 매일 체험하면서 가는 그들의 길이었습니다.

그런데 뜻밖에도 아니 감히 상상조차 할 수 없는 일들이 일어났습니다. 그들이 가는 길 앞에 홍해라는 바다가 그들의 가는 길을 가로 막고 있었습니다.

앞 길이 막혀버린 그들은 도무지 이해할 수도 없었으며 이런 난관을 어찌 극복해야 할 것인가를 고민 하지 아니할 수가 없었습니다.

막혀 버린 길! 갈려고 하여도 갈 수조차 없는 그 길을 앞에 두고 그들은 막연하였을 것입니다.

한편 이스라엘 백성들을 보내고 난 후 바로 왕이 이스라엘 백성들을 보냄에 대하여 후회하고 있을 때에 하나님께서 그를 격동시키시므로 바로는 새로운 병거와 많은 군사들을 이끌고 이스라엘 백성들을 다시 잡으려고 추격하고 있었습니다.

출애굽기 14장 4절을 보면 "내가 바로의 마음을 완악하게 한즉 바로가 그들의 뒤를 따르리니 내가 그와 그 온 군대로 말미암아 영광을 얻어 애굽 사람들이 나를 여호와인 줄 알게 하리라 하시매 무리가 그대로 행하니라." 라고 하신 말씀을 보면 하나님께서 바로의 마음을 격동 시키시므로 바로가 많은 군사를 거느리고 이스라엘 백성들을 추격하고 있었다고 하였습니다.

이즈음에 이스라엘백성들이 하나님께서 인도하시고 약속하신 약속의 땅으로 희망이 부풀어 가는 그 많은 백성들의 길 앞에 놀랍게도 홍해가 가로 막고 있었으며 뒤에는 애굽의 군사들이 추격하고 있었으니 그들의 소망은 산산이 깨어졌으며 어떻게 하면 이 어려운 난관을 헤쳐 나갈 것인가에 대하여 염려하고 불안과 두려움으로 가득 차게 되었습니다.

당장에 그 많은 백성을 안전하게 홍해를 건너게 하려고 배를 만들 수도 수영을 하여 건널 수도 없는 급박한 상황에 처하게 되었습니다.

이런 급박한 상황 속에서 여기저기에서 불평의 소리가 터지기 시작하였습니다.

온 이스라엘 백성들이 동요하면서 우리를 홍해에 수장시키려고 이곳으로 인도하였느냐고, 차라리 홍해에서 죽기보다는 애굽으로 돌아가서 바로를 섬기면서 노예로 사는 것이 낫다고 하면서 지도자인 모세를 향하여 원망과 불평으로 가득 차게 되자 험악한 상황이 되어 버리고 말았습니다.

출애굽기 14장 11-12절을 보면 "그들이 또 모세에게 이르되 애굽에 매장지가 없으므로 당신이 우리를 이끌어 내어 이 광야에서 죽게 하느뇨 어찌하여 당신이 우리를 애굽에서 이끌어 내어 이같이 우리에게 하느뇨 우리가 애굽에서 당신에게 고한 말이 이것이 아니뇨 이르기를 우리를 버려두라 우리가 애굽 사람을 섬길 것이라 하지 아니하더뇨 애굽 사람을 섬기는 것이 광야에서 죽는 것보다 낫겠노라."고 하면서 심한 원망과 불평을 하게 되었습니다.

이때에 영도자 모세의 훌륭한 신앙을 찾아 볼 수 있는데 출애굽기 14장 13-14절을 보면 "모세가 백성에게 이르되 너희는 두려워 말고 가만히 서서 여호와께서 오늘날 너희를 위하여 행하시는 구원을 보라 너희가 오늘 본 애굽 사람을 또 다시는 영원히 보지 못하리라 여호와께서 너희를 위하여 싸우시리니 너희는 가만히 있을지니라." 라고 하였습니다.

모세가 이런 말을 한 것은 오직 믿음이었으며 하나님께서 모세에게 그러한 일들을 정확하게 모세에게 알리시고 보여 주시지도 아니하였으나 오직 믿음으로 외쳤습니다.

이스라엘 백성들의 인간적인 눈으로 볼 때에는 그들의 가는 길에 다만 넘실거리는 바다와 뒤에는 바로와 애굽의 성난 군사들의 추격해오는 진퇴양난의 상황만이 보였습니다.

이럴 때에 그들이 유일하게 할 수 있는 일이 있다면 바로에게 항복을 하든지 아니면 영도자 모세에게 불평과 원망을 쏟고 모세에게 대적하는 것이 인간적으로 볼 때에는 당연히 할 수 있는 일이라고 하였을 것입니다.

과연 그 많은 이스라엘 백성들의 앞길에는 하나님께서 만드시는 새 길은 그들의 눈에는 전혀 보이지도 않았으며 낙담을 할 수밖에 없는 상황이었습니다.

모든 것을 일찍이 포기하고 결정해 버리는 것이 오히려 지혜로운 일이었는지도 모릅니다.

가는 길이 보이지 아니하고 인간적으로 볼 때에는 0.1%의 가능성도 보이지 아니할 때에는 더 많은 손해를 보지 아니하려면 빠르면 빠를수록 과감한 결단을 내려서 빨리 포기하는 것이 좋다고 생각할 수 있씁니다.

그런데 하나님께서는 그들에게 보이지도 아니하는 곳 감히 꿈에도 상상할 수 없는 그 곳에 새 길을 만들어 주셨습니다.

출애굽기 14장 21-22절을 보면 "모세가 바다 위로 손을 내밀매 여호와께서 큰 동풍으로 밤새도록 바닷물을 물러가게 하시니 물이 갈라져 바다가 마른 땅이 된지라 이스라엘 자손이 바다 가운데 육지로 행하고 물은 그들의 좌우에 벽이 되니." 라고 하였습니다.

홍해의 거친 바닷물은 하나님께서 만드신 새 길의 벽이 되었으며 수천 년 동안 물에 잠겨 있는 바다 속의 진펄은 마른 땅이 되어 온 백성이 마음 놓고 걸어갈 수 있으며 원수 대적들도 전차를 몰고 갈 수 있는 대로가 되었으니 이것이 새 길이 되었습니다.

우리나라의 여름 장마철에 태풍이 와서 심한 폭우가 쏟아지고 홍수가 나면 평화로웠던 마을이 순식간에 쓸어버리고 지나고 간 다음 몇 날이 아니라 어떨 때는 몇 개월을 민관군이 총동원이 되어 치우고 정리를 하는 것을 TV를 통하여 봅니다.

홍수가 나서 순식간에 쓸어버리고 간 다음 사람과 차가 다니던 길과 논밭은 아수라장이 되고 진펄이 되어 상상을 초월하리만큼 끔찍한 광경을 우리는 많이도 보아왔습니다.

우리나라의 아름다운 명산이라는 지리산에 여름 장마철에 가끔 홍수로 인하여 계곡을 쓸어가 버리고 간 다음 중장비를 가지고 수많은 사람들이 동원이 되어 수개월 동안 정리 정돈하였어도 사람이 다니기 어려운 상황인 것을 우리는 압니다.

　그리고 서해나 남해에 바닷물이 들어왔다가 나간 다음에 해산 물들을 캐기도 하고 줍기도 하는데 들어가서 보면 굴 껍질과 진펄 때문에 다니기가 어렵고 바윗돌 때문에 자칫하면 다치기 쉽습니다.

　그런데 하나님께서 만드신 새 길은 하나님께서 창조하신 이후 수천 년 동안 바닷물이 출렁거리며 넘실거리던 홍해 바다였습니다.

　그리고 바다 밑에는 진펄이 아니면 바위와 돌로 가득 차 있어서 뭍이 드러난다고 하여도 그리고 중장비로 길을 닦는다고 하여도 대로가 되긴 쉽지 아니한 바다 속의 암울한 험하디 험한 곳입니다.

　바위와 땅은 오랜 세월 물속에 잠겨 있었던 터라 미끄럽기도 하였을 것이며 우리나라의 바다 밑이라면 날카로운 굴 껍질도 바위에 붙어 있었을 것이고 미역이라든가 해초가 가득 차 있어서 미끄러워 발을 디딜 수가 없는 그런 길일 것입니다.

　설령 바다가 갈라졌다고 하여도 그곳으로 그 많은 백성들이 마음 놓고 걸어갈 수도 없는 곳이라는 것은 상식적으로도 압니다.

　그런데 하나님께서 만드신 새 길은 어린아이도 갈 수 있었고 노인들도 걸어갈 수 있는 평탄한 대로였으며 바로가 이 끄는 전차도 다닐 수 있는 넓은 대로였으니 정말 놀라운 일입니다.

그것도 몇 달 동안 중장비로 닦아 놓은 것도 아니고 수많은 사람들이 동원이 되어 길을 몇 달 동안 공사하여 만든 것도 아니며 그리고 오래도록 햇빛으로 인하여 진펄이 말라진 것도 아닙니다.

오직 새 길을 만드시는 하나님께서 하루 밤 사이에 바닷물이 물러가게 하신 후에 마른 땅, 새 길인 대로를 만드셨던 것입니다.

하나님께서 만드신 새길 양옆에는 수천 년 동안 넘실거리던 바닷물이 벽이 되어 우뚝 서 있었습니다.

하나님께서 만드신 새 길은 완벽한 길이요 다니기에 아무 어려움도 다칠 염려도 없는 너무나도 완벽하여 무너져 내릴 염려없는 누구든지 마음껏 뛰어 다닐 수 있는 새 길이었습니다.

이 새 길을 걸어가는 자들은 불안과 두려움 없이 안심하고 찬송하며 소망 중에 기뻐하고 즐거워하면서 갈 수 있습니다. 이 새 길을 누구나 힘차게 전진하면서 뒤로 후퇴하지도 아니하며 앞으로 전진할 수 있는 새 길입니다.

이 새 길은 자연적인 어떠한 길이라고도 하겠지만 이 새 길은 인생이 걸어가는 인생길이기도 합니다.

우리 인생이 이 땅 위에 살아가는 동안 생각지도 못하는 어려운 사업의 실패와 병마로 인하여 크게 낙담하거나 실의에 빠질 때가 있습니다.

그때마다 사람들은 후회도 하고 사람들을 원망하기도 하면서 어려운 현 상황을 피해 보려고도 수단과 방법을 총 동원하여 이러 저리 다니면서 사람을 찾아 도움을 청하고 상담도 하면서 헤어나려고 발버둥을 치기도 합니다.

가는 길이 보이지 아니한다고 낙담하거나 가는 길이 막막하다고 무엇을 어떻게 헤쳐나가야 할지 까마득하다고 낙심하거나 원망과 불평으로 아니 후회하는 일들은 하나님을 믿는 성도로서 믿음의 자세는 아닙니다.

불평과 원망, 낙담은 새 길을 만드시고 인도하시는 하나님을 불신하는 무서운 죄가 되는 것이기에 언제나 나와 함께 동행하시면서 새 길 만드셔서 인도하시는 하나님만 굳게 믿고 오늘도 담대히 앞으로 전진 하는 삶이 되어야 합니다.

없는 길, 새 길 만드시는 하나님을 신뢰하고 찬양과 영광을 오직 하나님께 돌려 드려야 합니다.

인간의 지혜는 한계가 있으며 어떠한 사람들도 나에게 커다란 힘이 되거나 큰 도움이 되는 경우는 매우 희박하며 오히려 낙담하게 되는 경우가 많습니다.

시편 146편 3-4절에 보면 "귀인들을 의지하지 말며 도울 힘이 없는 인생도 의지하지 말지니 그의 호흡이 끊어지면 흙으로 돌아가서 그 날에 그의 생각이 소멸하리로다."라고 하였습니다.

우리가 믿는 하나님은 언제나 새 길을 만드시고 새 길로 인도하시는 참으로 좋으신 능력이 많으신 전능하시고 살아계신 임마누엘의 하나님이십니다.

우리가 가는 인생길이 보이지도 아니하며 상상할 수조차 없는 막막한 그 길에도 하나님께서는 얼마든지 새 길을 만드시고 인도하시는 사랑의 하나님이시며 전능하신 하나님이십니다.

가는 길 막막하여도 길이 보이지 아니하여도 인간을 의지하지 말고 절박한 상황 속에서도 오직 하나님만을 의지하고 신뢰합시다.

새 길은 하나님께서만이 만드십니다.

새 길 만드신 하나님 사랑합니다.

감사합니다.

결코 낙담하지 맙시다.

❧ 평화로운 전원교회 생활

나는 4번의 교회 설립을 하였으나 그 많은 세미나에 단한 번도 참석해 본 적이 없었습니다. 교회성장 세미나라든가 개척교회를 어떻게 하면 성장시킬 것인가에 대하여 자문을 받아 본 적이 없습니다.

오직 하나님의 전적인 은혜 가운데에서 교회가 세워져 갔으며 개척 교회를 하기 위하여 후원 교회와 후원할 분들을 찾아다녀 보지도 아니하였습니다.

꿈에 그리던 전원교회도 전적인 하나님의 은혜로 세워져 가고 있습니다.

꿈에 그리던 창원 전원교회!

나는 미력하지만 하나님의 강권적인 사랑과 전적인 하나님의 은혜로 창원시 성산구 안민동에 창원 전원교회가 세워지게 되었습니다.

개척한 지 2년 만에 하나님의 크신 은혜로 안민동 산자락에 4000여 평의 과수원을 매입하여 전원교회를 세울 수 있게 되었습니다.

전원교회를 시작할 때에는 정부에서 주 오일 근무제가 처음으로 실시될 때였습니다.

이러한 시기였기에 모든 교회들이 전원교회를 갈망하였습니다.

때문에 나는 모험적으로 하나님만 바라보면서 먼저 시작하려고 이 일을 하게 되었습니다.

아무리 모험적으로 한다고 하여도 많은 성도들의 협력이 필요한데 우리 교회는 그렇지 못하였으며 재정적으로도 그리 넉넉하지 못한 상태였습니다.

이러한 악 조건 속에서 전원교회를 한다는 것은 만용이기도 하였습니다.

무식한 사람이 용감하다고나 할까 정말 겁 없이 이 일을 시작하게 되었습니다.

지나놓고 보니 전원교회를 한다는 것은 여러 조건을 갖추어야 한다는 것을 알게 되었습니다.

첫째는 반드시 넓은 부지가 있어야 합니다.

둘째는 아름다운 자연 환경이 구비되어 있어야 만이 전원교회를 세울 수 있습니다.

세 번째는 도심지에서 멀리 떨어져 있지 않았야 된다는 것입니다.

네 번째는 아무리 아름다운 장소라고 하여도 그곳 까지 반드시 도로가 나 있어야 합니다.

이러한 조건을 갖춘 부지를 매입한다는 것은 그리 쉬운 일 아니었습니다.

더욱이 그만한 장소를 찾았다고 하더라도 많은 자금이 필요로 하는데 나는 아직 그만한 자금을 확보하지 못한 상태였으며 아니 아직 저축조차 하지 못한 상태이기에 꿈 같은 상상일 뿐이었습니다.

나아가서 마음에 드는 그러한 부지를 찾는 다는 것도 보통 어려운 일이 아니었습니다.

나는 어떤 일을 시작할 때에는 믿음의 조상 아브라함의 신앙관을 믿고 고백합니다.

로마서 4장17-18절을 보면 "기록된 바 내가 너를 많은 민족의 조상으로 세웠다 하심과 같으니 그의 믿은 바 하나님은 죽은 자를 살리시며 없는 것을 있는 것으로 부르시는 이시니라 아브라함이 바랄 수 없는 중에 바라고 믿었으니 이는 네 후손이 이 같으리라 하신 말씀대로 많은 민족의 조상이 되게 하려 하심을 인함이라"고 했습니다. 이는 믿음의 조상 아브라함의 신앙관입니다.

아브라함은 하나님을 믿되 죽은 자도 살리시는 하나님! 없는 것도 있게 하시는 하나님! 절망 가운데 빠진 자에게 소망을 주시는 하나님! 이런 하나님을 아브라함이 믿었다고 하였습니다.

나 역시 미력하지만 아브라함이 가지고 있는 믿음을 흉내 내면서 하나님께 기도하게 되었습니다.

사랑의 하나님께서는 나의 기도를 들어주셨습니다. 하나님께서 전적으로 넘치는 은혜를 베풀어주셔서 현재의 부지를 매입하게 되었습니다.

그 부지 위에 우리는 창원 전원교회를 시작하여 오늘에 이르게 되었습니다.

전원이란 "Rural"시골의 풍경, 단순, 소박함, 평화로움 등을 의미하기도 합니다.

나와 우리 성도들이 소망하며 세워가고자 하는 교회는 아름다운 숲속에서 자연과 더불어 마음껏 하나님을 섬기고 신앙생활을 할 수 있는 그런 교회를 건설하고 싶었습니다.

성도들은 도심지를 잠시나마 벗어나서 자연 속에서 예배를 드리고 싶어 합니다.

그러므로 성도들이 꽃과 나무, 각종 새들이 노래하는 평화로운 자연 속에서 함께 예배를 드리면서 성도들과의 아름다운 교제도 나누면서 하나님께서 주시는 복을 받을 수 있다면 더없이 행복하고 즐거움의 신앙생활일 것이며 얼마나 기쁜 일일까를 생각하였습니다.

이렇게 세워진 교회가 우리 창원 전원 교회였으며 하나님의 은총 속에서 이러한 아름다운 교회가 날마다 새롭게 건설되어 가고 있습니다.

하나님의 놀라우신 은총 속에서 하나님을 섬기며 하나님께서 새 길을 만들어 주셔서 평화롭고 정말 행복하게 교회생활을 하게 되었습니다.

우리 전원교회의 아름다운 생활을 몇 가지만 소개해 드리려고 합니다. 이것은 자랑이 아니고 하나님께서 너무나 세밀하게 살펴주시고 간섭하시고 때를 따라 은혜를 내려 주시는 하나님의 은혜와 사랑을 자랑하고 싶어서 소개 하려고 합니다.

어느 날 나는 교회 차를 몰고 시내에 가던 중 갑자기 1차선으로 가던 트럭이 3 차선으로 가는 나의 차 앞으로 급회전하는 바람에 내가 몰고 가던 차가 급브레이크를 밟고 세워 보려했으나 짧은 거리이기에 회전하는 차를 들이받게 되었으며 그 차는 갑자기 급회전 하는 바람에 그만 전복이 되어 버리고 말았습니다.

나는 잘못이 없다고는 하였지만 지나가는 사람들이 볼 때에는 내가 추돌한 그 차량이 전복되어 옆으로 누워 있었으니 내가 잘못한 것으로 알고 페이스 북에 사진을 찍어 올려 버리고 말았습니다.

내가 운전하였던 차량에는 교회 차였기에 창원 전원교회란 교회명이 붙어있었는데 정말이지 기가 막히고 어찌해야 할지 몰라서 당황하고 있었습니다.

지나가는 사람들은 나를 보는 눈들이 전적으로 내가 잘못한 것처럼 나를 힐끗 힐끗 쳐다 보니 나는 죄인이 되어 버리고 몸 둘 바를 모를 처지였습니다.

전복되어 있는 차의 운전기사가 나오자 나에게 자기는 잘못이 없다고 하면서 나에게 큰 소릴 치니 지나가는 사람들이 갑자기 많이 모여서 구경하게 되었습니다.

정말 난감하고 어찌 할 줄 몰라서 나 역시 정말 힘든 순간이었으며 아는 사람이 혹시라도 있을까봐 부끄럽고 몸 둘 바를 몰랐습니다.

잠시 후, 경찰이 오니 그분이 더욱 큰소릴 치면서 뒤의 차가 자기 차량을 들이받아서 이렇게 전복되었노라고 주장을 펴는 것이었습니다.

경찰관은 나에게도 묻기에 나름대로 설명을 하였더니 전복된 차량의 기사가 더욱 큰 소릴 치니 경찰차에 타라고 하여 함께 경찰서로 가게 되었습니다.

결국 경찰서에 가서 조서를 받게 되었는데 경찰관이 그 트럭 기사에게 왜 그렇게 회전하게 되었느냐고 물어보니 처음엔 자기는 잘못이 전혀 없고 앞을 향하여 가는 자기의 차량을 내가 뒤에서 들이 받아서 이렇게 되었다고 하면서 계속하여 나만 잘못하였노라고 주장을 하였습니다.

그래서 경찰관이 A4 용지 두 장을 책상 위에 놓고 그 사람이 주장하는 대로 이렇게 했느냐고 하면서 차를 앞으로만 직진하고 있는데 뒤에서 들이 받았다면 그냥 앞으로 밀려 나갈 뿐이지 이렇게 전복되는 법이 없다고 하면서 아마도 당신이 급회전을 하였던지 아니면 1차선에서 갑자기 3차선으로 운전하게 되면 이렇게 전복되게 된다고 자세히 설명하였습니다.

그 기사는 처음엔 완강히 자신의 주장을 펼치다가 상황이 그렇지 않게 되자 모든 것을 인정을 하지 아니하면 아니되었던지 실토를 하게 되었습니다.

자신은 부산에서 기름을 넣고 와야 하는데 급해서 창원에서 주유하려고 오던 중 갑자기 옆에 탄 사람이 주유소가 있다기에 1차선에서 급히 3 차선으로 들어오게 되었노라고 실토를 하게 되었습니다.

결국 그 차는 많은 과실이 있게 되었고 나는 별로 잘못이 없는 것으로 판결이 났지만 이미 페이스 북에 전복된 사진과 우리교회 차량이 다른 차량을 들이 받아서 전복되게 한 가해 차량으로 사진이 올라간 뒤였으니 참으로 난감하기 그지없었습니다.

페이스 북을 보고 우리 교회 장로님과 마산에 있던 나의 막내아들이 사고 현장에 한 걸음에 달려 왔으니 정말 부끄럽기도 하고 민망하였습니다.

그 사고로 인하여 나는 경상을 입어 입원하게 되었습니다.

그리고 교회 차는 수리를 맡기려고 하였는데 우리 교회 장로님들께서 그 차를 수리하고 다시 그 차를 사용하게 되면 목사님이 그 차를 볼 때마다 그 때 당시의 사고가 생각나게 될 것이니 아예 그 차를 폐차 시켜버리는 것이 좋다고 하였습니다.

폐차를 시킬 정도의 차량도 아니었고 수리하면 사용할 수 있는 정도였습니다.

그런데 장로님들은 굳이 그 차를 폐차를 시켜버리도록 조치해 버리고 말았습니다.

그리고 주일에 차가 없으면 교인들이 왜 차가 어디 갔느냐고 하면 또 신경 쓰일 테니 그날이 월요일이었는데 토요일까지 새 차를 하나 새로 나온 신차를 한 대를 구입하자고 하면서 급히 그 주간에 새 차를 구입하게 되었습니다.

대체로 차 사고가 나게 되면 왜 차 사고가 났는지에 대한 이유와 또 신 차를 구입하려고 하면 제직들이 모여 여러 번 회의도 해야 하는데 모든 것을 장로님들이 책임지시고 새 차를 구입하게 되었습니다.

목사인 나를 보호하고 전혀 신경 쓰지 않게 하려는 그 배

려에 너무 감사하고 고마웠습니다.

나는 너무나 죄송스러웠으며 한편으로 너무나 감사하지 않을 수가 없었습니다.

내가 행하였던 일들은 실수였으며 내가 잘못해서 교회 차로 사고를 낸 일이고 이 일로 인하여 오히려 유익하게 매듭 짓게 하신 분은 하나님이시였습니다.

그러므로 실수와 잘못은 내가 하고 하나님께서는 오히려 유익하게 해주시는 사랑의 하나님이십니다.

우리 교회는 넓은 부지와 많은 나무들이 우거져 있는데 관리하기가 보통 힘들지 않는 곳입니다.

그러나 우리 성도들이 서로 서로 도우면서 관리 집사님이 없어도 항상 깨끗이 정리 정돈되어 있는데 그것은 모두가 하나같이 예배당을 아끼고 사랑하고 헌신적으로 보살피고 있기 때문입니다.

한번은 동기회 모임이 있어서 갔다가 하루 밤을 자고 오게 되었습니다.

그곳에서 장로님께 내일 새벽에 뜻하지 않게 나의 동기들이 모임을 가지고 있어서 못 가게 되었노라고 사정을 말씀 드리고 죄송하다고 하였습니다.

그런데 장로님이 "목사님 뭐가 죄송합니까? 목사님이 어디 가셨다가 못 오시면 새벽에 아마 피곤하셔서 못 나오시는 모양이구나 생각하고 우리끼리 예배드리고 기도 하고 가면 되는데 뭘 그렇게 생각하시느냐.”고 하시면서 오히려 “목사님이 교회에 너무 메어 있는 듯이 하시지 말라시면서 평안한 마음으로 즐겁게 지내시다가 오십시오”라고 하는 것이었습니다.

오히려 교회에 목사님이 꼭 메여 있으면 신경 쓸 일도 있고 하니 자유롭게 다니시고 너무 얽매여 있지 아니하였으면 좋겠다고 하였습니다.

모든 것을 이해도 하시면서 마음 편안히 목회를 할 수 있도록 배려하여 주시는 장로님늘게 감사를 느끼시 아니할 수가 없으며 하나님께서 우리 장로님들을 넓은 마음 가지고 목사를 협조하도록 간섭해 주신 하나님께 감사드립니다.

옛날 내가 창원에서 교회를 섬긴 적이 있었는데 그 때 당시 처음으로 집사님이 되신 분이 있었습니다.

그분은 내가 그 교회에서 교회 예배당을 건축할 때에 도움을 못 드렸다고 하시면서 내가 개척하여 교회를 섬긴다는 소식을 들으시고 찾고 찾아서 우리 교회에 오신 분이십니다.

장로님이 되신 그분은 우리 전원교회에 온갖 일들을 도맡아서 충성스럽게 교회 주위의 과수원 나무 전지와 교회 주위의 나무들을 아름답게 전지 하시면서 교회당을 가꾸시면서 섬기시고 계시는 장로님이 계십니다.

특히 300여 그루의 단감나무의 전지도 도맡아서 행하시고 넓은 땅에 풀이 나지 못하도록 관리기를 늘 항상 사용하시면서 과수원도 관리하시고 계십니다.

정말 나를 극진히 사랑해 주시고 교회를 돌보시고 나의 목회 생활에 이모저모 세밀하게도 살펴서 도움 주시는 장로님을 우리 교회로 보내 주신 하나님께 감사를 드리지 않을 수가 없습니다.

물론 우리 교회 장로님들은 아예 관리 집사님들처럼 교회의 모든 궂은일들을 도맡아 놓고 하시며 새벽 예배 때에는 장로님이 먼저 일찍 오셔서 여름에는 에어컨을 겨울에는 온풍기를 켜놓으시고 말없이 온갖 충성으로 교회를 섬기시는 장로님들이십니다.

넓은 부지에 세워진 교회인지라 주일 날 예배를 드리고 난 어느 날 비가 너무 많이 와서 교회의 차량으로 식당인 교육관으로 운행하기도 한 적이 있었는데 차량을 타고 교회 식당엘 가면서 서로 웃으며 우리교회 참으로 넓고도 좋다고 담소를 나눈 적도 있습니다.

야외 강당에서는 야외에서의 예배도 드릴 수 있도록 숲을 이룬 나무숲 속에서 많은 자연석으로 돌 의자를 만들어 놓아 그 돌 위에 앉아서 예배를 드릴 수 있도록 해놓기도 하였습니다.

더운 여름철에는 어린이들을 위한 산에서 내려오는 물로 조그마한 수영장도 만들어서 어린이들이 물장구도 치면서 즐기고 있습니다.

그러다 보니 여러 가지의 일들이 너무 많고 일들을 하노라면 끝도 없이 많고도 많습니다.

교회의 전기 시설이라든지 잔디밭 가꾸기라든지 여러 가지 일들을 교회의 집사님들이 서로서로 협조하여 교회를 섬기고 있습니다.

이제 나도 어언 나이가 들다가 보니 장로님들께서 목사님이 은퇴하시기 전에 교회에서 매달 얼마 정도 저축을 하여 (제법 많은 금액) 두는 것이 좋다고들 하여 공동의회 때에 나 몰래 예산을 올려놓았습니다.

나는 극구 반대를 하고 못하게 만들어 두었는데 나에게 갑자기 대상 포진이라는 병이 나서 병원에 입원하게 되었습니다.

치료를 받는 중에 입원실에 장로님이 오셔서 저축 하는 것을 목사님이 허락하라는 것이었습니다.

할 수 없이 허락을 하였더니 좋아하시면서 바로 적금 저축을 하여 매월 불입하고 있습니다.

우리 교회에서는 어떤 제도나 법을 따지지 아니하며 모든 것을 은혜로 결정하고 시행하고 있습니다.

나의 친구 목사는 교회의 생활이 무슨 회의 무슨 모임 땜에 환멸을 느낀다면서 목회를 접어버린 친구가 있는데 가끔 전화를 나에게 하면서 설교 준비하느라고 힘들고 교회생활이 고달프지 아니하냐 하면서 자기는 지금의 생활이 너무 좋고 행복하다고 언제나 자랑을 하며 좋아하고 있습니다.

또한 어떤 여행을 간다든지 무슨 모임에 가서는 자기가 어디에 와있는데 너무 좋다고 하면서 내가 자기를 부러워할 것같이 말을 하면서 얼마나 자기 자랑을 하고 있는 친구가 있습니다.

나는 교회 생활이 너무 좋고 너무 행복합니다.

하나님께서 어떻게 저렇게도 좋은 성도들을 고르고 골라서 교회로 보내 주시고 나를 만나게 해주셨는지 하나님께서 보내주신 성도들과 함께 기쁘고 즐거움으로 하나님을 섬기며 교회를 섬기고 있습니다.

이 모든 것은 전적인 하나님의 은혜로 목회를 하게 되어 하나님께 늘 감사를 드립니다.

너무나도 세밀하게 살펴주시고 도움주시는 고마우신 하나님께 나는 늘 항상 감사와 영광을 돌려 드립니다.

나는 우리 교회를 섬기다가 정말 은퇴하면 어찌 될꼬 걱정이 되리만큼 아름다운 자연과 더불어 전원교회의 생활이 나에게는 너무나 좋고 보람됩니다.

돌이켜 보면 언제나 내가 한 일들은 모두가 실수투성이였는데 하나님께서는 모든 것을 선으로 바꾸어 놓으셨으며 나에게는 커다란 유익뿐이었습니다.

　내가 지금껏 하나님의 영광을 위하여 한답시고 하여도 돌이켜 보면 나의 영광을 위하여 한일들이 많았으며 하나님의 뜻대로 라고는 하면서도 나의 뜻대로 행한 일들이 너무나 많아서 시행착오도 있었으며 그 일 때문에 괴로워 한 적도 많이 있었습니다.

　그러나 하나님께서는 언제나 선으로 바꾸어 주시었으며 부족하고 허물투성인 나였는데 하나님께서는 나에게 새 길이 어떠한 것인지를 보여주셨습니다.

　그리고 그 새 길로 인도하시는 임마누엘의 하나님께 늘 항상 감사와 감격 속에서 주님을 섬기고 있습니다.

　나는 실수투성이고 하나님께서 언제나 새 길로 인도하시고 새 길을 만드시는 하나님께 영광을 올립니다.

　새 길 만드시고 인도하시는 하나님!

　변함없는 사랑으로 함께 하시는 하나님!

　감사와 찬양을 드립니다.

⚮ 갑자기 찾아온 병마

　오랜 만에 미국에서 찾아 온 나의 친구 한 분이 나와 함께 경북 문경에 가길 원하여 가족과 함께 그 목사님 가족과 함께 가게 되었습니다.

　즐거운 마음으로 고속도로를 달리며 동승한 친구 가족과 대화를 나누며 가던 중 조금 일찍 저녁을 먹자고 하여 식사도 하고 쉬어 가려고 휴게소에 들르게 되었습니다.

　그때 몸에 이상이 오는듯한 느낌을 가지게 되었으며 화장실에 갔는데 손가락 마디 마디가 마비가 오는 것을 느끼게 되었습니다.

　내 몸은 내가 아는데 이상한 예감이 들어서 친구로부터 운전을 하게 하고 근방에 있는 제법 큰 종합병원을 급히 찾아가서 진료를 받게 되었습니다.

　그 병원에서 나의 설명을 듣더니 우선 CT 촬영을 하자고 하여 촬영을 하였으나 알 수 없다고 하여 다시 MRI 촬영을 하게 되었습니다. 나는 내 평생 처음으로 CT와 MRI를 촬영하게 되었습니다.

　촬영이 끝나고 제법 오랜 시간이 지나서 결과가 나왔는

데 뇌경색이라고 하면서 선택의 여지가 없이 즉시 입원하라는 권유를 받게 되었습니다.

나는 이곳 주민이 아니니 경남에 있는 고신 대학교 복음병원으로 가겠다고 하였더니 병원에서 운영하는 앰뷸런스를 불러 주어 부산으로 오게 되었습니다.

그 병원에서 복사하여 준 CT 촬영과 MRI로 촬영한 복사본을 정밀 분석하였으나 흐릿하여 새로 촬영해야 된다기에 다시 CT 촬영과 MRI 촬영을 하고 나서 분석 결과 뇌경색이 아니라고 하였습니다.

마음은 놓였으나 계속 온몸에 마비가 오므로 척추의 물을 뽑고 진단한 결과 '길 랭 바레 증후군'이라는 들어보지도 못한 병이라는 것입니다.

원인은 확실하지 않았지만 흔히 바이러스 감염 후에 나타나는 말초 성 신경병을 말하기도 하는데 프랑스의 신경과 의사 G. 길 랭과 신경학자 바 레가 처음으로 발견한 질병이기에 그들의 이름을 따서 길 랭 바레 증후군 이라고 하는 병 이름으로 부르게 되었는데 이 병은 무서운 병이라는 것입니다.

옛날에는 이 병에 걸리면 사망하게 되었다고 하는 무서운 병이었으며 남녀노소를 막론하고 연령의 관계없이 이병에 걸리게 되는 병이라고 합니다.

그리고 이 병은 희귀병이기 때문에 치료비의 10%만 본

인이 부담하는 희귀병으로 등제되어있는 병이기도 하였습니다.

나는 응급실에서 코 줄을 넣게 되었으며 나의 몸은 점점 마비가 와서 일어 설 수조차 없었으며 손과 발을 움직이기조차 어려운 상태에 빠지게 되었습니다.

설교는 모 목사님께 부탁을 하고 토요일에 결혼 주례가 있었는데 그곳에 빨리 연락하라는 말을 끝으로 아예 말문이 막혀 버리고 말았습니다.

정말 순식간에 일어난 엄청난 사실 앞에서 어찌 나에게 이렇게도 모진 일들이 일어나는 가고 하나님께 호소도 하면서 너무나 기가 막혀 멍멍하였습니다.

사람이 세상을 떠나는 것도 순식간에 되어지는구나 생각을 하니 인생의 허무함 에 가슴이 먹먹 하였습니다.

응급실에서부터 온갖 검사를 하고 침대에 누워 있는 그때부터 나는 전혀 움직이지도 못하고 온 몸이 마비가 되어 정신은 있는데 손가락 마디 하나 움직일 수조차 없으리 만큼 급속도록 나의 몸은 완전히 마비가 되어 중환자 실로 실려 오게 되었습니다.

가족들을 뒤로 한 채 나는 중환자 실로 이끌려 침대에 누운 체로 올라 왔으나 나는 모든 것이 실감 나지도 아니하는 그저 멍멍한 상태였습니다.

중환자실에서 아마 잠깐 잠이든 것 같은데 깨어 일어나니 나의 입에는 이미 산소 호흡기를 목으로 삽입하여 꼼짝도 할 수없는 상태에 빠지게 되었으며 너무나 고통스러워 간호사를 부르려고 하여도 이젠 말도 할 수 없으며 손과 발도 움직이지 못하니 살아있는 시체에 불과하였습니다.

산소 호흡기를 통하여 호흡을 하게 되었으니 나는 정말 한순간에 중환자가 되었으며 정신은 멀쩡하여 고통스러움과 온갖 지난날들의 생각이 주마등처럼 지나가는 것이었습니다.

인생이 살겠다고 발버둥을 친다고 하여도 하나님께서 한순간에 병 들게 하시고 데려가시면 그 누구도 항거할 수도 없으며 인간의 미래에 대한 거대한 꿈도 한순간에 물거품이 되어 버린다는 것을 깨닫게 되었습니다.

정말 인간은 자랑할 것도 없고 의시 댈 것도 없으며 건강하다고! 젊다고! 할 일이 많다고! 하고 싶은 일들이 많다고! 자신의 포부도 자랑할 수 없으며 전능하신 하나님 앞에서 인간의 생사를 주관하시는 하나님 앞에서 겸손히 하나님만 신뢰하고 하나님께만 소망을 두고 살아가야 하는 것이 인생이 해야 할 일임을 정말 피부로 뜨겁게 느끼게 되었습니다.

나에게는 이루고 싶은 소망과 아직도 해야 할이 남아있었고 정리해야 할 일들이 많이 남아 있었습니다.

이제 겨우 6권의 책이 나왔으나 아직 쓰고 있는 책이 있는데 출판사에서는 성경 66권의 요약 설교집을 다 출판하겠다고 하면서 계속 원고를 달라고 하여 언젠가는 그 책도 모두 다 쓰겠노라고 약속도 하였습니다.

또한 나름대로 보람된 일도 하고 가치 있는 일도 해서 후세에 남겨 보려고도 발버둥을 치며 왔었는데 정말 훌쩍 세상을 떠나게 된다면 나는 어찌할 것인가 고 내가 떠나고 난 후에 나의 가족과 못다 한 일들 때문에 해결하지 못 한 일들은 어찌 할까를 생각하니 너무나도 괴롭고 고통스러웠습니다.

그러나 내 힘으로는 아무것도 할 수 없었으며 맑은 정신은 있었으나 움직일 수 있는 것은 오직 눈동자 뿐이었으며 정말 연약하고 천한 인생의 허무함을 몸으로 감내하면서 나는 그렇게 중환자실에서의 투병 생활을 시작 했던 것입니다.

정말 헛되고 헛되며 인생은 아무것도 아니라는 생각과 정말 말로는 표현 할 수도 없는 인생의 허무함이 뼈저리게 찾아 올 줄이야 이렇게도 실감나게 인생의 헛됨을 온몸으로 체험케 될 줄 상상도 못했습니다.

말로만 듣던 중환자실에서의 투병생활이 시작되었습니다. 나는 중환자 실에 입원한 성도들에게 심방을 간적이 있었으나 나는 그렇게 몸으로 느껴보지도 못하였었는데 이젠 내 스스로 이 중환자실에서의 투병 생활을 하면서 보니 그야 말로 투병생활이 힘들고 고통스러운가를 깨달아 알게 되었습니다.

하나님의 은혜로 내가 만약에 나아서 정상인으로 살게 된다면 앞으로 중환자실에 심방 갈 때에는 어떻게 해야 되겠다는 것과 무엇이 아쉽고 무엇 필요한지를 그 나마도 어지간히 알고 도움을 줄 것 같았습니다.

하루에 세 번씩 인공 호흡기를 청소하여야 하고 입안에 약물로 청결하게 청소할 때에는 그야말로 죽는 것과 같은 고통을 느꼈습니다.

나와 같이 정신이 멀쩡한 상태에서 인공 오흡기로 호흡하는 사람들은 극히 드물었습니다.

정신이 혼미한 사람이라든지 아예 수술을 하여 수면 상태에 빠진 분들은 아예 아무것도 느낄 수 없었으니 호흡기를 넣어도 견딜 수가 있습니다.

하지만 나는 정신은 멀쩡하고 아픔도 그대로 느끼는 상태였으니 고통은 더욱 심하였으며 손 가락 하나 발가락 하나 전혀 움직일 수조차 없는 상태이니 침대에 손과 발을 묶지 않았다는 것 외엔 나에겐 견디기 어려운 지옥 같은 생활이 계속되었습니다.

조금이라도 움직일 수 있는 사람들에게는 인공 호흡기를 사용할 때에 반드시 손과 발을 침대에 줄로 꼭 붙들어 메어 놓습니다.

침대에 손을 묶어 놓지를 아니하면 손으로 입에 설치되어 있는 인공 호흡기를 뽑아 버리기 때문입니다.

아무리 고통스러워도 손으로 뽑지 못하게 하려고 침대에 꼭 붙들어 메어놓았으니 어떠했겠습니까?

주위에서 그렇게 줄로 침대에 꼭 매어놓은 분들을 제법 많이 보았는데 혹여 환자가 대변을 볼 때에는 침대 시트를 바꾸게 되는데 그 틈을 타서 인공 호흡기를 뽑아 버리는 분들을 심심치 않게 보아왔습니다.

나는 시체나 다를 바가 없었으며 꼼짝 할 수도 없었으니 침대에 나의 두 손과 두 발을 묶어 둘 필요도 없었으며 그냥 두어도 꼼짝도 못하였습니다.

하루하루를 견딘다는 것은 참으로 힘들고 고통 그 자체였으며 산다는 것보다는 죽음의 고통을 더욱 절실히 느끼는 그런 상태로 시간은 흘러갔습니다.

아내는 이 병원에 올 때 신었던 나의 신발을 내가 신고 퇴원은 할 수 있을까 하고 나의 신발을 안고 복도를 다니면서 울면서 끊임없이 기도하고 있는 말을 듣고 나니 내가 죽고 나면 내 아내는 어찌 살 수 있겠는가를 생각하니 아내가 불쌍하게 느껴졌습니다.

그렇게도 절박하게 기도하는 아내의 기도를 하나님께서

는 응답하여 주실 것을 믿었습니다.

병원 기도실에서 한없이 울면서 기도 한다는 아내의 말이 나에게는 커다란 힘이 되었습니다.

꼼짝도 못하고 시체나 다름없는 나인데 그런 나를 아내와 아들과 자부, 딸과 사위가 지극 정성으로 간호를 하여 주어 얼마나 고마웠는지 모릅니다.

나의 딸인 영실이가(교회에서 피아노 반주로 봉사하는 집사)울면서 "아빠 이렇게라도 중환자실에서라도 살아 있어 줘서 고맙다"고 울면서 말하는 딸의 그 소리가 나에게는 얼마나 고맙고 충격적인 감동이었습니다.

살아있는 시체에 불과한데 시체 같은 내가 살아있어서 고맙다고 하니 나로 하여금 감격과 걷잡을 수없는 마음속 깊은 곳에서 고미움과 감격의 눈물이 쏟아져 나오는 것을 억제할 수가 없었습니다.

살아있는 시체인데도 그래도 숨이라도 쉬고 있으니 고맙다고 하니 내가 나아야겠다고 마음으로 다짐을 하면서 마음속으로 얼마나 고맙고 고마웠던지 많이도 울고 또 울었습니다.

아들들은 아빠가 잘 견디어야 할 텐데 하면서 걱정하면서 어떻게든 아빠가 살아야 한다고 하면서 울고 있는 모습들이 가족의 사랑이 이렇게도 뜨겁고 아름답다고 생각하였습니다.

특히 장남 김영민 목사는 담당의사에게 절망적인 이야기를 다 들었다고 후에 이야기했지만 그런 말을 아내에게 하지 아니하고 참아가면서 울면서 기도하고 있는 아들에게도 얼마나 고마웠는지 모릅니다.

절망적인 말을 아내에게 하고나면 아내가 견디지 못할 거라 하여 아들이 감당하느라 많이도 힘들었을 거라고 생각하였습니다.

그러한 모습을 보면서 또한 이야기를 들으면서 나는 '어찌하든 살아야 되겠구나. 아직도 가족들에게 내가 필요한 사람이구나.'라고 마음을 가지게 되니 고맙기도 하고 과연 내가 다시 회복이 되어 일어날 수 있을까를 생각하니 아득하기만 하고 병든 내가 할 수 있는 일이 없으니 미안하기도 하였습니다.

미국에 있는 딸은 나의 소식을 접하고 어쩔 줄 몰라 하며 울면서 아내에게 수시로 전화하면서 묻고 있다는 말을 듣고 가족의 뜨거운 사랑에 다시 한 번 고맙게 생각을 하면서 내가 어찌하던 박차고 일어나야겠다는 굳은 마음을 가져보았지만 현실은 절망 상태에 처해 있었습니다.

우리 교회의 장로님들은 병원에 방문하여 일천만원의 돈을 입금을 시켜놓으시고 우리 목사님을 최선을 다하여 치료하여 달라고 부탁을 하였다고 하였는데 그 금액은 교회의 돈이 아닌 두 분 장로님이 사비를 내어서 병원에 입금해 둔 것입니다.

아직 회복된다는 보장도 없는 데도 본 교회의 목사가 병들어 병원에 입원하여 있을 때에 불만도 품지 아니하시고 오히려 빨리 회복되길 온 성도들이 기도하고 장로님들은 거금을 마련하여 입원 치료비를 먼저 입금시키면서 치료를 부탁하였다고 하니 말은 할 수 없었으나 나에게는 너무나 감격에 넘치는 일이었으며 고마운 마음이야 이루 헤아릴 수조차 없었습니다.

나의 주위에서 이토록 많은 관심과 염려와 격려를 아끼지 아니하므로 나에게는 커다란 힘이 되었으며 어서 일어나야 되겠다는 마음이 간절하였습니다.

주위에서의 나를 아끼고 사랑하여 주셨던 목사님들과 장로님들을 향한 그 고마움은 이루 말로 표현할 수도 없었으나 한편으로는 이제 나는 하나님의 부름을 받고 훌쩍 떠나버리면 어찌 될 것인가를 생각하면서 암울한 중환자실에서의 투병생활이 계속되어 가고 있었습니다.

나를 위하여 눈물로 기도하시는 동역자들의 소식은 나로 하여금 새로운 힘이 되기도 하였습니다.

인생이 정말 한순간에 왔다가 한순간에 하나님께서 부르

시면 미룰 수도 없이 모든 미련을 버리고 떠나야 하는 나약한 인생임을 절감하면서 오직 하나님만을 바라보는 마음뿐이었습니다. 허무하게 이렇게 생을 마감한다고 생각하니 정말 인생은 허무하기 그지없었습니다.

그러나 나의 하나님은 이 중환자실에도 반드시 계심을 확신 하면서 오직 하나님만을 바라 볼뿐이었으며 하나님의 섭리하심을 지켜 볼 뿐이었습니다.

이렇게도 허무하게 인생이 끝나 버리지는 아니할 것이라는 기대와 하나님께서 나를 통하여 다시 한 번 무엇인가를 하실 일이 있을 것이다. 라는 믿음을 가지고 이제는 차분히 병원생활을 하려고 하였습니다.

정말 한 순간에 찾아온 병마 상상할 수조차 없었는데 어떻게 이렇게 까지 처참하게 주저앉고 말아야 할 것인가에 대하여 생각하니 도무지 어떻게 대처해야 할 것인지 막연하기만 하였습니다.

그리고 이 처참한 나의 모습을 현실로 받아드리기가 참으로 힘든 나날들이었습니다.

그러나 나에게 희망이 있었다면 갑자기 찾아온 병마이지만 하나님의 섭리가 분명히 있을 것이라는 믿음으로 병원 생활이 시작 되게 되었습니다.

하루하루의 중환자로서의 생활은 그야말로 어디에 비할

데 없으리 만큼 괴로움의 나날들이었으나 오직 하나님만을 신뢰하면서 희망을 잃어버리지 아니하고 참고 견디어 내는 고통의 나날들이었습니다.

하나님의 섭리하심을 바라보면서.

고통과 암울한 중환자실!

하나님의 섭리하심이 있을 것을 믿고 하루하루를 그렇게 지나고 있었습니다.

❧ 50일 동안의 중환자실

나는 듣도 보도 못한 병에 걸려서 중환자실에서 인공 호흡기를 통하여 생명을 연장하여 가는 상태로 살아있는 시체나 다름 없었으며 언제 이 세상을 떠날 것인가를 생각하면서 죽음을 준비하고 생각을 정리하면서 하루하루를 지나게 되었습니다.

소리치고 싶어도 말을 할 수가 없었고 불편하다고 몸을 조금이라도 움직이려고 해도 움직일 수 없었으며 답답하고 고통스러운 것은 말로 표현 할 수도 없었고 그저 그렇게 간호사가 뉘여 주는 대로 누워서 그대로 하루하루 시간이 흘러가게 되었습니다.

'사람이 이렇게 하여 죽는 나'라고 생각하니 이제 나에게는 희망도 어떠한 삶에 대한 애착도 없이 그저 지나온 과거를 생각하게 되었으며 하나님 앞에 이제 설 수 있는가에 대한 죽음의 준비와 하나님만을 바라보게 되는 것이 나의 전부였습니다.

나는 이 무서운 병마로 인하여 죽음의 사선을 넘나들게 되었는데 50일 동안의 중환자실에서의 병원생활은 그야말로 죽음과 같은 고통의 연속이었습니다.

50일 동안 나의 곁에서 함께 치료 받던 중환자들이 12명이나 세상을 떠나게 되었으며 나는 그들의 죽음을 곁에서 보아야 하는 고통도 감내해야만 했습니다.

정신은 말짱한데 손가락 마디 하나 움직이지 못하고 눈만 뜬 체 호흡도 인공 호흡기로 겨우 겨우 하루하루를 그렇게 생명을 지탱하며 나갔습니다.

코 줄로 음식과 음료를 의사의 지시대로 간호사가 넣어 주는데 그대로 몸속으로 들어가는 상황인지라 사람이 산다는 것이 아니고 겨우 그날그날을 병과 싸우면서 버티어가는 처참한 상태였습니다.

들려오는 소리는 환자들의 고통스러운 신음 소리와 유명을 달리 하였을 때에 유가족들의 울부짖는 소리 외에 희망의 소리는 들으려 해도 들을 수도 없었습니다.

하루에 두 번 가족과의 면회 시간은 각각 30분씩이었으니 아내와 자녀들을 보는 것이 기다려지고 그것이 나에게 있어서 하루를 극복하는데 커다란 버팀목이 되기도 하였습니다.

정말 고통스럽고 하루를 보내는 것이 너무나 지루하고 힘든 암울한 나날들이었습니다.

중환자실에서는 환자복도 입을 수가 없었으므로 기저귀

만 차고 있었으니 나의 추한 모습을 누구에게도 보여 주고 싶지 않았으며 이런 모습을 보여 주게 될까봐 오히려 걱정도 되고 수치스러워 견디기조차 힘들었습니다.

병원에서는 나를 아는 분들이 제법 있었는데 특히 나에게 와서 하는 말들 중에 '목사님, 목사님이 빨리 나으시려고 하면 목사님이란 생각을 버리시고 병원의 치료를 그대로 승복하시고 맡기고 치료를 받아야 된다'고 하였는데 나는 그 말의 뜻이 처음에 무슨 뜻인지도 무엇을 의미하는지도 몰랐습니다.

침대에서의 소변은 소변 줄을 통하여 소변기에 내려가고 있었지만 대변은 내가 침대에서 일을 보아야 하는데 그러려고 하면 하체가 드러나게 되는데 물론 기저귀를 차고는 있었지만 일을 보고 나면 그 냄새 땜에 참아야 되겠고 물론 나는 냄새를 맡을 수조차 없는 상태였으나 또한 나의 그런 모습 보이고 싶지도 않았으며 그것이 나에게는 고통이었습니다.

그래서 하루 이틀 삼일을 참고 나면 배가 아파서 견딜 수가 없게 되므로 괴로워하게 되면 벌써 그것을 간호사가 알고는 바로 관장을 하였습니다.

그리고 일을 보게 한 다음에는 뒷 처리를 말끔히 하는 과정에서 아예 이런 일들도 수치스러워하지 말고 모든 것들을 맡기고 의사와 간호사의 지시대로 따르라는 것이었음을 알게 되었습니다.

중환자의 생활이 몇 날이 지나고 나니 이제는 실감이 나기도 하고 이젠 수치스러움도 아예 아무것도 나에게는 없었으며 자존심이랄까 그런 것들은 아예 이곳의 생활 속에서 차차 그리고 하나하나 사라져 버리기 시작 하였으며 이젠 조금씩 견디면서 적응하기 시작하였습니다.

중환자실에서 죽음을 맞이한 분들로 인해 그들의 유족들이 애통해 하면서 애처롭게 울부짖는 소리도 들어야 하고 왜 이 병원에서는 병을 고치지 못 하느냐고 가고 항의하는 소리도 들렸습니다.

내가 50일 동안 중환자 실에 있는 동안 평균 4일에 한 번씩 유명을 달리하는 분들을 보게 되었는데 그들은 고통을 호소하다가 한 분씩 한 분씩 슬픔과 애통해 하다가 한 분씩 한 분씩 세상을 떠나가셨습니다.

떠나가시고 나면 곧 그 자리에 또 다른 환자가 즉시 오게 되는데 아마도 내가 누워 있는 이 침대에서도 몇 분이 세상을 떠나가셨는지 알 수가 없을 것입니다.

이 중환자실에서는 심한 고통을 호소하는 환자들뿐이었으니 중환자실에서는 언제나 아픔과 고통을 호소하는 소리와 간호사를 찾으면 하나같이 '조금만요' 하는 간호사의 소리뿐이었습니다.

아마도 너무 많은 환자들의 요구를 다 들어 주기가 버거워서 아예 부르기만 하여도 '조금만요' 하는 말이 습관처럼 여기저기서 들려오고 있었습니다.

또한 중환자실에서 세상을 떠나시고 나면 유족들이 슬픔을 견디지 못하여 애통해하는 유족들의 울음소리 중에는 자녀들의 "아빠"라고 애처롭게 부르는 소리와 남편을 아내를 부르는 소리뿐이었습니다.

중환자실에서는 기쁜 소식은 들을 수도 없었으며 오직 슬픔과 고통의 소리만이 나의 귀에 들릴 뿐 그렇게 하루하루를 맞이하고 또 매일같이 그런 슬픔만 보면서 보내는 나날의 연속의 나날들이었습니다.

매 순간 순간마다 리듬을 통하여 이 침대 저 침에서 "살려 주세요" 라는 리듬이 끊이지 아니하고 울려 퍼지는 소리 정말 하루라도 빨리 그곳에서 벗어나고 싶은 마음뿐이었습니다.

중환자실에서의 진료가 시작이 되고 며칠이 지나자 다행히 나의 발가락이 조금씩 움직이기 시작하더니 이제는 발목을 조금씩이나마 움직이기 시작하였는데 움직인다는 것은 겨우 1cm 정도의 움직임을 말하고 있으니 움직이는 것도 아닌 상태였습니다.

그나마도 움직인다는 것이 나에게는 커다란 소망이었으

며 이제 나을 수 있다는 조그마한 희망이 보였지만 조금씩 움직이는 것이 너무나 힘들었으며 담당 의사가 움직여 보라고 하여 움직이려고 하면 참으로 힘이 더욱 많이 들었습니다.

나의 움직임을 가장 반겨주는 분은 물론 가족이었지만 담당 의사가 너무나 반기면서 나에게 용기를 불어 넣어주었습니다.

조금이라도 움직이면 담당의사와 레지던트는 이제 살아난다고 그리고 좋아지고 있다고 계속 희망을 불어 넣어 주면서 반겨 주었습니다.

그러나 그렇게 여러 나날들이 지나가는 데에도 빨리 회복되지는 아니하여 나로서는 오히려 위로하려고 하는 말로 들려지기도 하였습니다.

만약 나에게 회복의 희망이 보여진다면 일반실로 언제쯤은 가게 될 것이라는 말을 해주기라도 한다면 얼마나 좋으련만 그런 말은 하지 아니하고 마음을 푹 놓고 기다리면서 치료를 받으면 완벽하게 회복의 기미가 보일 때에 일반실로 갈 수 있다고 하는 그런 말만 되풀이 하였습니다.

오직 주님 안에서 하나님만이 나의 소망이시기에 하나님께서 나를 치료하여 주셔야 만이 회복이 된다는 믿음으로 하나님만 바라보았습니다.

소망과 치료의 하나님께서 치료하여 주시면 일반실로 갈 것이라는 믿음으로 인내심을 배우게 되었으며 고통 중에서도 참고 견뎌 내려고 하였습니다.

참고 인내하기만 하면 하나님께서 모든 일들을 합력하여 선을 이루시는 하나님이십니다.

그러나 힘들고 너무나 어렵고 고통스러울 때에는 인내하라는 말이 너무 힘이 드는 말이었으며 누구는 인내를 몰라서 이렇게 괴로워하는 줄 아는 가고 항변도 하고 싶은 마음도 들기도 하였습니다.

인내한다는 자체가 정말이지 힘들고 힘든 일임을 새삼 뜨겁게 체험했습니다.

히브리서 12장 1-2절에 보면 "이러므로 우리에게 구름같이 둘러싼 허다한 증인들이 있으니 모든 무거운 것과 얽매이기 쉬운 죄를 벗어버리고 인내로서 우리 앞에 당한 경주를 경주하며 믿음의 주요 또 온전하게 하시는 이인 예수를 바라보자 그는 그 앞에 있는 기쁨을 위하여 십자가를 참으사 부끄러움을 개의치 아니하시더니 하나님 보좌 우편에 앉으셨느니라."라고 하시면서 인내하라는 말씀을 들려 주셨습니다.

우리 주님께서 십자가의 고통도 오직 인내하심으로 참으셨다고 하셨는데 그 이유는 그가 앞으로 받으실 기쁨을 위하여 라고 하셨습니다.

히브리서 10장 36절에 보면 "너희에게 인내가 필요함은 너희가 하나님의 뜻을 행한 후에 약속을 받기 위함이라."고 하셨는데 인내 후에 하나님의 언약의 복을 받을 수 있다고 하셨습니다.

야고보서 5장 11절에 "보라 인내하는 자를 우리가 복되다 하나니 너희가 욥의 인내를 들었고 주께서 주신 결말을 보았거니와 주는 가장 자비하시고 긍휼히 여기시는 이시니라."하셨습니다.

욥도 인내의 사람이며 그 인내로 인하여 하나님의 섭리의 결말을 보게 되었다고 하였습니다.

참기 어려워도 참아야 되는데 끝까지 견디는 인내심이 있어야 결말을 볼 수가 있음을 말씀하고 있습니다.

야고보서 1장 12절에 "시험을 참는 자는 복이 있나니 이는 시련을 견디어 낸 자가 주께서 자기를 사랑하는 자들에게 약속하신 생명의 면류관을 얻을 것이기 때문이라."고 하셨습니다.

나는 이제 중환자실에서의 투병생활을 통하여 고통 중에서도 인내하는 방법을 조금씩이나마 배워가는 철부지에 불과한 자입니다.

힘들고 어렵고 고통스러워도 새 길을 만들어 주시는 하

나님께서 일하시는 그 순간까지 인간은 끝까지 포기하지 아니하고 희망을 가지고 즉 새 길 만드시는 하나님께만 소망을 두고 인내하는 자만이 하나님께서 만드신 새 길을 걸어 갈수 있음을 깨달았습니다.

하나님은 반드시 하나님의 뜻하신 대로 하나님의 방법대로 새 길을 만드시기에 그 때까지 견디는 것! 인내하는 것! 포기하지 아니하는 것을 하나님께서 원하시고 계심을 분명코 깨달았습니다.

더욱이 감사한 일은 50일 동안 중한자실에서 투병 생활하는 중에 나의 몸에 창이 나지 아니하였으며 합병증 증세도 없었다는 것입니다.

임마누엘의 하나님께 감사드리지 않을 수 없습니다.

새 길 만드시는 하나님 감사합니다.

나에게도 새 길을 만들어 주심을 확신합니다.

❧ 하염없이 흐르는 눈물

목사는 사명의 눈물. 감사의 눈물. 회개의 눈물을 흘려야 합니다.

그런데 나는 이 모든 눈물을 겸하여 아픔과 고통의 눈물을 흘려야 했습니다.

나아가서 나의 사랑하는 아내와 아들딸들을 이 세상에서 다시는 볼 수 없다고 생각하니 마음이 미어오는 슬픔을 견딜 수가 없었습니다.

더욱이 정말 아름다운 전원교회를 다시는 볼 수 없게 되고 너무나 귀한 성도들을 볼 수 없다는 생각을 하니 눈물이 걷잡을 수 없으리 만큼 밤낮으로 한없이 울었습니다.

아마도 나의 일생을 두고 나의 평생에 흘릴 눈물을 중환자실에서 다 쏟아 부은 것 같았습니다.

쏟아지는 눈물이 움직일 수조차 없는 몸이었으며 얼굴과 머리조차 조금이라도 움직이지 못하였으므로 나의 귀로 눈물이 들어가도 손으로 막을 수도 없었으며 얼굴을 돌리지도 못하는 상태였으므로 눈에서 흐르는 눈물은 귓속으로 들어가게 되니 더욱 괴로웠습니다.

며칠이 안 되어 그 눈물로 인하여 귀가 어두워져서 아무 소리도 들리지를 아니하였으며 들을 수조차 없는 상태가 되고 보니 듣지 못하는 분들의 고충을 조금이나마 알 수 있을 것 같았습니다.

오직 내가 할 수 있는 일은 밤낮으로 흐르는 눈물을 흐르게 내버려두고 하나님께 기도하는 것이 하루하루를 살아가는 나의 일과이기도 하였습니다.

시편 6편 8-9절에 보면 "행악하는 너희는 다 나를 떠나라 여호와께서 내 울음소리를 들으셨도다. 여호와께서 내 간구를 들으셨음이여 여호와께서 기도를 받으시리로다"라고 시인은 눈물로 고백하였습니다.

다윗은 눈물로 기도하였는데 하나님께서 그의 울음소리를 들으셨으며 그의 간구와 기도를 들으셨다 하였는데 다윗의 눈물의 기도를 하나님께서는 듣고 보셨다고 하였습니다.

나는 애타게 구원의 하나님께 간구하였으며 하염없이 흐르는 눈물로 하나님께 기도하였는데 아마도 그렇게 눈물로 기도하기는 내가 지금껏 살아오는 동안 처음인 것 같기도 하였습니다.

히스기야 왕은 무서운 병에 걸린 적이 있었는데 열왕기하 20장 1-3절에 보면 "그 때에 히스기야가 병들어 죽게 되매 아모스의 아들 선지자 이사야가 그에게 나아와서 그에게 이르되 여호와의 말씀이 너는 집을 정리하라 네가 죽고 살지 못하리라 하셨나이다. 히스기야가 낯을 벽으로 향하고 여호와께 기도하여 이르되 여호와여 구하오니 내가 진실과 전심으로 주 앞에서 행하며 주께서 보시기에 선하게 행한 것을 기억하옵소서 하고 히스기야가 심히 통곡하더라.”고 한 것을 보면 히스기야는 무서운 죽을병에 걸려서 하나님 앞에서 심히 통곡하면서 울었다고 하였습니다.

그 때에 하나님께서는 이사야 선지자에게 다시 말씀하시는데 그 내용이 열왕기하 20장 5절에 “너는 돌아가서 내 백성의 주권자 히스기야에게 이르기를 왕의 조상 다윗의 하나님 여호와의 말씀이 내가 네 기도를 들었고 네 눈물을 보았노라 내가 너를 낫게 하리니 네가 삼일 만에 여호와의 성전에 올라가겠고.”라고 하셨습니다.

이는 하나님께서 히스기야의 눈물을 보셨다고 하시면서 그의 죽을병을 고치셨다고 하셨습니다.

하나님께서는 성도의 눈에서 흐르는 눈물을 귀하게 보실 뿐만 아니라 하나님께서 작정하시고 정하신 일들이지만 하나님의 뜻을 돌이키게 하는 힘은 눈물의 기도임을 잘 보여주고 있는 사건이기도 합니다.

나는 눈물로 인하여 내 눈은 아마도 충혈이 되어 있었는지 담당 의사는 간호사에게 지시하기를 나의 눈에 안약을 하루에 세 번 이상 수시로 투입하라고 지시를 하였으므로 간호사는 수시로 나의 눈이 조금만 충혈이 되어도 즉시 안약을 눈에 투입하였습니다.

그렇게 하루하루 지나가는 동안 내 마음은 조금씩 안정을 찾아갔고 심한 고통을 마음으로 받아드리고 극복하려고 하니 이제야 말로 진정 목사가 눈물을 흘려할 일들이 무엇인지를 알고 끊임없는 눈물을 밤낮으로 흘리게 되었습니다.

시편 56편 8절에 보면 "나의 유리함을 주께서 계수 하셨사오니 나의 눈물을 주의 병에 담으소서. 이것이 주의 책에 기록되지 아니하였나이까"라고 하셨는데 성도의 눈물을 주님 앞에 있는 기념 병에 담아두신다고 하셨으니 성도의 눈물을 하나님께서는 너무나 귀하게 보심에는 틀림이 없는 사실입니다.

물론 시편 기자의 눈물과 나의 눈물은 다르겠지만 어찌되었든지 내 눈에서 흐르는 눈물은 내 평생 흘릴 눈물을 다 흘린 듯 많이도 흘렸는데 이 눈물이 주님의 기념 병에 담겼으리라고 나는 확신 하였습니다.

또한 오히려 지금껏 목회를 한답시고 하였으나 이런 눈물을 흘려 보지 못한 나였습니다.

그런 나에게 이렇게라도 장소는 다를 지라도 중환자실에서의 눈물을 흘리면서 기도할 수 있다는 것이 나로서는 참으로 좋은 기회임에는 틀림없었습니다.

좋은 기회를 주신 하나님께 감사를 드리면서 마음껏 눈물의 기도를 하나님께 드리게 되었습니다.

이렇게도 눈물로 하나님께 기도하기 시작하였으니 지금껏 목회하면서 오히려 목회하느라 바쁘다는 핑계를 대면서 기도도 특히 눈물의 기도도 제대로 못하였는데 금번 기회를 통하여 좋은 기회를 하나님께서 주신 줄로 믿었습니다.

이젠 하나님을 눈물로 찾으며 못다 한 회개의 눈물과 사명의 눈물과 감사의 눈물을 펑펑 쏟아 내게 되었으니 나에게는 오히려 눈물을 흘릴 수 있는 절호의 기회로 삼고 나니 마음이 한결 가벼워졌습니다.

오히려 이런 기회를 주신 하나님께 진정 감사의 눈물과 충성하지도 못한 나에게 고귀한 사명주신 하나님께 사명 다하지 못한 일들을 생각하면서 한 없이 한없이 울고 또 울면서 하나님을 찾게 되었습니다.

눈물로 회개하며 눈물로 감사드리며 눈물로 못다 한 사명의 눈물로 뒤범벅이 되었으니 나에게는 유익한 시간들이 되었으며 이젠 불안도 사라지고 불평도 사라지게 되어 서서히 안정을 찾게 되었습니다.

그리고 아픔과 고통중인 데에도 진정한 감사의 기도와 눈물이 나에게 끊임 없이 흘러내리게 되었으니 나에게 가장 유익한 시간들이 되었습니다.

하나님 앞에서 마음껏 울면서 밤낮으로 눈물을 펑펑 쏟을 수 있다는 것이 얼마나 감사하고 얼마나 보람된 일이었던지 생각해보면 너무나 감사한 일이었습니다.

부끄럽긴 커녕 마치 아기가 오랜만에 엄마의 품안에서 때를 쓰면서 울 때 엄마가 달래 주듯이 나도 하나님의 품안에서 남들이 느껴 보지도 못하는 주 하나님의 위로를 정말 충만히 받았으며 감격이 넘치리만큼 커다란 은총을 받았습니다.

꼼짝도 하지 못한 채로 조용히 누워 있으면 간호사가 알아서 뒷일도 처리하여 주고 눈물로 충혈이 되면 안약도 넣어 주면서 오히려 더욱 신경을 써주기도 하였습니다.

정말 좋은 기회였으며 울면서 마음껏 기도하여도 방해받을 일 없고 그저 나는 울면서 기도만 하면 되도록 하나님께서 섭리하여 주셨습니다. 시간의 제약도 받지 않고 울면서 기도하게 되었고 심하게 울면 울수록 의사와 간호사가 더 관심을 기울여 주니 이것 보다 더 좋은 기회가 어디에 있겠습니까?

나에게 눈물을 흘릴 수 있는 기회를 주신 하나님께 감사와 찬양을 돌려 드리지 않을 수 없었습니다.

그 이후로는 마음 놓고 부끄러워하지도 아니하면서 물론

소리 낼 수조차 없으니 그저 조용히 눈 감고 눈물로 기도하게 되었으니 참으로 감사하고 참으로 놀라운 은혜 중에 은혜였습니다.

이렇게도 편안히 누워서 마음껏 울고 기도하자니 내 마음의 평안도 조용히 찾아오게 되었습니다.

하나님께서는 정말이지 나에게 눈물의 기도를 마음껏 할 수 있는 좋은 기회를 주시고 눈물로 기도하면 하나님께서 기억하시고 계심을 믿으니 얼마나 감사하였는지 모릅니다.

육신은 고통스러웠으나 마음은 하나님을 의지 하게 되므로 어린아이가 엄마 품에 안겨서 아플 때에 더욱 심하게 흐느껴 울듯이 나도 하나님의 품안에서 얼마나 흐느끼면서 울고 울었는지 모릅니다.

하나님께 감사드립니다.!

하나님 너무나 감사합니다!

∾ 아! 나의 주님 나의 하나님

나는 그렇게 눈물의 기도를 하면서 지내는 동안 아마도 중환자실에서의 투병 생활하는 중 20여일이 지난 후였는데 그 날 밤 난 조용한 가운데에서 하나님의 음성을 들은 것 같았습니다.

아니 분명코 하나님의 음성을 들었습니다.

너무나도 또렷하고 너무나도 강하게 나의 마음속에 울려 펴져 나를 진동시키듯이 "평안 하라"라는 음성이 분명하게 들려왔습니다.

그 순간 나는 아픔도 두려움도 잊은 채로 "아! 나의 주님 나의 하나님이라"고 말을 할 수 없었지만 마음속으로 얼마나 크게 외치고 있었는지 모릅니다.

나는 신비주의자가 아닙니다.

그런데 나는 그날 밤 분명히 하나님의 음성을 들었으며 분명히 하나님의 형상을 보았습니다.

나는 너무나 밝고 밝은 광명한 광채를 보았습니다.

하나님께서 뒷모습으로 그 빛난 광채를 가려 주시지 아니 하셨다면 나는 아마 죽었을 것입니다.

선지자 이사야가 하나님의 보좌에 앉으신 주님의 옷자락을 보았고 스랍들을 본 이후에 이사야 6장 5절에 보면 "그 때에 내가 말하되 화로다 나여 망하게 되었도다. 나는 입술이 부정한 사람이요 입술이 부정한 백성 중에 거주하면서 만군의 여호와이신 왕을 뵈었음이로다. 하였더라."고 하였습니다.

거룩하신 하나님을 보고 살아남을 자 없습니다.

부정한 자요 죄인 중에 죄인인 나는 너무나 찬란하고 이 세상에서는 상상도 할 수없는 그 어떤 빛보다도 더 밝은 광체를 보았습니다.

나는 그 순간 "아! 나의 주님 오! 나의 하나님이라" 이라고 외치지 않을 수 없었습니다.

그 밝은 광채는 어떤 것도 밝히 드러내는 찬란한 빛이요 찬란한 광명이었습니다.

그 찬란한 빛 가운데에서 살 수만 있다면 너무나 평화롭겠고 찬란한 광채만 보아도 아니 그 광채 가운데 살수만 있다면 그 광채 속에서 주 하나님을 모시고 살수만 있다면 이 세상 그 어떤 것보다도 기쁘고 즐겁고 평화롭고 행복하겠습니다.

이 세상의 어떤 어두움의 세력도 그 밝은 위력적인 광채 앞에서는 전혀 힘도 못쓰고 힘없이 사라져 버릴 것이며 그 빛난 광채 앞에서 이 세상 모든 것들이 반드시 분명히 밝히 들어날 것입니다.

나 같은 자에게 하나님께서 하나님의 형상을 보여 주셨으며 광명한 광채를 보여 주셨습니다.

나는 하나님의 형상을 보았습니다.

나는 하나님의 광명한 광채를 보았습니다.

나는 그 광채를 보고 나니 걱정도 두려움도 사라졌으며 주 하나님께서 이 중환 실에 계심을 믿고 깨달고 나니 너무나도 감격스러웠으며 나 같은 자를 외면치 아니하시고 광명한 광체를 보여 주신 하나님께 감사 또 감사를 드리지 않을 수 없었습니다.

나는 그 빛난 광채를 본 후에 나의 모습을 찾아보았으나 나는 아무것 보이지 아니하였으며 나라는 것은 하나의 티끌도 아니었음을 깨달게 되었습니다.

하나님 앞에서는 인간의 어떠한 공로도 어떠한 자랑도 내어 놓을 수없는 것이 인간의 초라한 모습 바로 그 자체였음을 깨달았습니다.

인간은 하나님 앞에서 자랑할 것도 내어 놓을 것도 어떤 공로도 아무것도 없습니다.

나는 무서운 병마로 이 병원에 입원하기 전 10월 초에 "막힌 길 열어 주신 하나님"이라는 나의 조그마한 간증집을 내어 놓았습니다.

나는 그날 밤 하나님께서 나에게 "없는 길 새 길 만드신 하나님"이라는 책의 제목과 내용을 나에게 보여 주셨는데 참으로 부끄러운 나의 지난날들의 나약한 모습과 헤쳐 나올 수 없는 극한 상황 속에 처해 있었을 때에 하나님께서 나에게 놀라운 은혜를 베풀어 주셨던 일들을 적나라하게 보여 주셨습니다.

그리고 그 사건들은 그때 그때 마다 하나님께서 친히 역사하셨음을 너무나 또렷이 나로 하여금 깊이 깨달아 알게 해 주셨습니다.

지나온 나의 모든 일들은 하나 같이 하나님께서 간섭하셨으며 함께하셨음을 보여 주셨습니다.

그러한 일들을 확연히 보고 깨달아 알게 하신 하나님! 내가 산 것은 전적인 하나님의 은혜였으며 내가 지금껏 일 해온 것 모두가 하나님께서 하셨음을 나에게 너무나도 밝히 보여 주셨습니다.

지금까지 내가 살아오면서 큰일을 하였다고 하여도 내가 아니라 하나님께서 하셨습니다.

하나님께서 은혜를 내려 주시지 아니하셨다면 나는 아무 것도 할 수도 없었으며 내가 한 일은 아무것도 없었음을 보여 주셨습니다.

나의 지난날들을 나로 깨닫게 해 주시니 내가 무엇을 하였다고 한 일들이 너무나 부끄럽고 가증스럽고 그것들을 자랑을 했던 나 자신이 밉기 조차 하였습니다.

내가 한 일은 아무것도 없었으며 내가 자랑하였던 것들은 모두가 하나님께서 은혜 베풀어 주셨기에 일하였으며 내가 어려움을 헤쳐 나온 것들도 모두가 하나님께서 도움 주셨기 때문이었습니다.

내가 한일은 아무도 없었으며 오직 하나님께서 하셨음을 확실히 보았으며 깨달았습니다.

내가 할 수 있는 일들은 회개하는 일과 하나님께서 나를 용서해 주시기를 바라고 구하는 일만이 내가 할 수 있는 유일한 일이었습니다.

하나님을 경히 여겼던 일들! 주님의 일들을 소홀히 했던 일들! 외식적으로 살아온 일들! 돌아보니 모두가 나의 유익을 위하여 일해 왔으며 하나님의 영광을 위해 일하였노라고 하나님의 뜻이라고 주장하여 왔던 일들을 돌이켜 보니 모두가 나의 영광과 나의 뜻을 이루기 위해 일해 왔음을 뼈저리게 깨달았습니다.

너무나도 깊이 깨달아지게 되니 부끄럽기 그지없었으며 하나님 앞에서 내가 할 수 있는 일들이 있다면 내가 죄인 중에서 죄인의 괴수임을 늘 항상 고백하고 눈물로 회개하고 기도하며 겸손히 주님만을 신뢰하고 주님께만 소망을 두고 살아야 되겠다고 하는 마음뿐이었습니다.

그리고 오직 나 같은 자를 살려 주시고 때를 따라 내려 주신 하나님의 놀라우신 은혜와 은총에 감사드리는 일만이 내가 해야 할 일임을 알았습니다.

꿈에라도 낙심하거나 교만하지 말고 오직 겸손히 주님을 높이고 주님만을 자랑하고 주님만을 말이나 행동으로 나타내는 것이 내가 할일임을 알았습니다.

사도 바울이 증거하여 이르기를 고린도전서 10장 31절에 "그런즉 너희가 먹든지 마시든지 무엇을 하든지 하나님의 영광을 위하여 하라."고 하신 말씀대로 오직 하나님의 영광을 위하여 살아야 하는 것이 인생임을 너무나도 뜨겁게 깨달았습니다.

그 날 밤 나에게 보여 주신 일들은 눈만 감으면 너무나 또렷이 잊으려 해도 잊을 수 없는 커다란 사건으로 하나하나 더욱 또렷이 나에게 보여 주시고 잊혀 지지 아니하는 기억력을 남겨주셨습니다.

하나님께서 만드신 새 길이 어떤 길인가를 홍해를 가르시고 새길 열어 주신 것도 너무나 또렷하게 보여 주시고 기억에 남게 하셨습니다.

눈을 떠도 눈을 감아도 하나님께서 나에게 보여 주셨던

일들은 시간이 지나면 지날수록 더욱 또렷이 잊혀 지질 아니하고 하나님의 그 놀라우신 은혜와 사랑하심이 내 마음에 가득 차게 되었습니다.

이젠 내가 병이 나아지면 즉시 이 글을 써야 되겠다고 그리고 하나님의 이 사랑하심을 하루 속히 증거 하여야겠다고 다짐하고 또 다짐하게 되었습니다.

이젠 내 마음에 평화가 오게 되었으며 그렇게 힘들고 고통스러웠던 순간순간들은 서서히 사라져 가는 것을 느끼게 되었습니다.

그 뿐만이 아니라 나의 마음에 남모르는 환희가 찾아오게 되었으며 나는 이제 낳는다는 확신을 가지고 나니 두려움도 불안도 사라지게 되었으며 이젠 얼마든지 중환자실에서의 어떤 고통스러운 일들도 넉넉히 인내 하며 이겨 낼 수 있는 힘이 생겨 지게 되었습니다.

나는 이제 두 개의 세계를 보게 되었는데 하나는 이세상의 꿈같이 흘러가는 헛된 세상을 보았습니다.

이세상은 정말 가치 없는 것임을 아무것도 아닌 꿈같이 지나가는 한순간에 없어지고 마는 그림자같이 의미 없는 세계임을 보았습니다.

전도자가 말한 대로 헛되고도 헛된 이 세상을 마음속 깊이 깨달아지니 이 세상에서 무엇을 하려고 서로 물고 뜯고

이기려고 발버둥 치며 싸우며 살아야할 이유도 의미도 없음을 마음속 깊이 깨달게 되었습니다.

또 다른 하나는 나에게는 저 광명한 광체가 있는 세계가 있음을 확신하게 되었습니다.

물론 천국에 대하여 많이 설교를 하였던 나였으나 빛나고 빛난 광체를 본 이후로는 마음이 든든하고 하나님께서 나 같은 자에게 하나님의 형상을 보여 주심에 대하여 생각만 하여도 황송하고 나 같은 자에게 평안 하라는 음성을 들려 주시는 하나님께 눈물로 감사와 영광을 돌리지 아니할 수가 없었습니다.

의미 없는 세상! 무가치한 세상! 이 세상 살 동안 오직 하나님의 영광과 하나님의 뜻을 이루어 드리는 일에 매진하는 것만이 내가 행하여 할 의무요 본본 임을 깨달아 알게 되었습니다.

골로새서 3장 1-4절 말씀을 보면 "그러므로 너희가 그리스도와 함께 다시 살리심을 받았으면 위의 것을 찾으라. 거기는 그리스도께서 하나님 우편에 앉아계시느니 라 위의 것을 생각하고 땅의 것을 생각하지 말라 이는 너희가 죽었고 너희 생명이 그리스도와 함께 하나님 안에서 감 취어 졌음이라 우리 생명이신 그리스도께서 나타나실 그 때에 너희도 그와 함께 영광중에 나타나리라." 고 하셨습니다.

나 같은 자 믿음이 별로인 자인 나를 하나님께서 다시 체험적인 신앙을 가질 수 있도록 은혜 베풀어 주심에 감사와 찬양을 돌리지 아니할 수 없습니다.

나에게 또다시 놀라운 은총 중에 은총을 보여주시고 깨달게 해주시고 하나님의 사랑하심을 보여 주시고 안아주시고 품어주신 살아계신 임마누엘의 하나님을 생각하니 이젠 감사와 감격의 눈물이 하염없이 밤낮으로 쏟아지게 되었습니다.

나 같은 자를 사랑하시다니요.

나 같은 자에게 놀라운 은총을 보여 주시다니요.

오 하나님 감사합니다.!

오 하나님 사랑 합니다.!

∞ 달라진 나의 기도

하나님의 놀라우신 은혜를 체험하고 난 이 후의 나의 기도는 달라지기 시작 하였습니다.

특히 내 마음을 울리고 나에게 깊이 각인시켜 주신 기도문을 여기 적어보려고 합니다.

"막힌 길 열어 주신 하나님!

없는 길 새 길 만드신 하나님!

없는 것 있게 하시는 하나님!

죽은 자를 살리신 하나님!

절망 중에 빠진 자에게 소망을 주시는 하나님!

신뢰합니다. 경외합니다.

내가 믿는 주 예수님!

영원불변하신 그리스도이시요!

살아계신 하나님의 아들이십니다.

전능하신 하나님께서 많은 선지자들을 통하여 예언하신 대로 예수님은 동정녀의 몸에서 탄생하셨습니다.

인류와 나를 구원하시기 위하여 십자가에 못 박히셨습니다.

장사한 지 사흘 만에 부활 하셨습니다.

승천하셨습니다.

하나님 보좌 우편에서 지금도 인류를 위하여 나를 위하여 중보기도 하시고 계십니다.

산 자와 죽은 자를 심판하시기 위하여 재림하시는 주님이 나의 구세주 이십니다.

주님께서 이 땅에 계실 때에 낮고 천하고 병들고 죄 많은 자들을 외면하시지 아니하시고 친구 삼아 주셨습니다.

어린 아이를 가슴에 품으시고 축복 기도하여 주셨습니다. 오병이어의 기적으로 굶주린 무리들에게 풍요로움을 안겨 주셨습니다.

기적의 주님이십니다.

각종 병든 자들이 주님께로 오면 깨끗이 치료하여 주셨습니다. 불치의 병든 자도 고쳐주셨습니다.

나병 환자를 고쳐주셨습니다.

냄새나는 환자를 주님의 사랑의 품안에 안아 주셨습니다. 중풍 병자를 고쳐 주셨습니다.

앉은뱅이를 고쳐 주셨습니다.

전능하신 하나님만이 하실 수 있는 죽은 자를 살려 주신 주님이십니다.

믿는 자는 능치 못할 일이 없다고 하셨습니다.

믿는 자는 하나님의 영광을 보리라고 하셨습니다.

믿습니다. 나는 믿습니다.

성부 성자 성령 하나님을 나의 구원의 하나님으로 믿습니다.

살아계신 하나님을 나는 믿습니다.

이상의 기도문은 나의 마음속 깊이 각인 시켜 주신 기도문이기도 합니다.

나는 이 기도문으로 수시로 끊임없이 하루에도 수십 번이 아니라 수백 번씩 고백하며 기도 하였습니다.

이 기도문으로 신앙 고백을 한 후에는 내가 드려야할 기도는 하나님만 높이고 자랑하며 기도를 하였는데 내가 할 수 있는 일은 나에게 알려 주시고 기억나게 하시는 오직 이 기도뿐이었습니다.

하나님께로부터 받은 은혜와 이 신앙고백의 기도는 나로 하여금 평안한 마음을 가지게 하였으며 서서히 나의 병이 나아지는 확신을 가지게 되었습니다.

고통도 사라지고 마음에 안정을 찾게 되었으며 이젠 나는 다시 일어나서 내가 해야 할 일들이 있다는 확신과 못다 한 일들은 주 하나님께서 인도하시는 대로 행하며 범사를 하나님께 맡기고 새로운 각오와 신앙관으로 살아야겠다고 몇 번이고 다짐하고 또 다짐하게 되었습니다.

그리고 내가 체험한 일들을 하루 속히 증거해야겠다고 생각하니 하나님께서 나를 속히 치료해 주실 것이라는 확신도 생기고 이 병마로 인하여 놀라운 체험을 하게 되었으니 오히려 기쁨이 넘치게 되었습니다.

그리고 지금 이 땅에는 정말 거짓된 목사들이 있음도 깨달아 알게 해 주셨습니다.

내가 이 병마로 병원에 입원하기 전이었습니다.

노회가 협찬하고 남전도회 주관으로 하는 연합 집회에 참석한 적이 있었습니다.

그날 강사가 자신의 간증을 하면서 자기는 병자를 위하여 기도를 하는데 의사가 진단을 한 이후에 척추 몇 번이 약하여 허리를 펼 수도 없고 다닐 수도 없는 환자에게 명하기를 척추 0 번아 완치되라고 명하였더니 다 낳았다고 하면서 병의 정확한 병명과 정확한 부위에 안수하여야 된다고 역설하는 것을 듣고 아 신유의 기도는 저렇게 해야 되며 병명도 분명히 알고 해야 되는구나 라고 생각하면서 그 강사가 정말 매우 박식한 강사라고 생각한 적이 있었습니다.

그 때 당시에는 나만이 아니라 많은 목사들과 성도들이 해박한 지식과 자기만이 뭐가 되는 양 외쳐대는 그 강사의 말이 떨어지기 무섭게 아멘하고 너도 나도 외쳐대는 모습들을 나는 그때 보았습니다.

그리고 그때는 그것이 진짜인 줄 알았습니다.

그 강사라는 분은 보수 교단의 목사이고 그 분이 섬기는 교회도 부흥 성장을 하였으며 양복에는 자기 교회의 명찰에 자신의 이름을 달고 말씀을 증거하고 있어서 저렇게 해야 되는 모양이 구나 라고 생각하면서 대단하다고 생각하기도 하였습니다.

그러나 이것은 이제 나에게는 참으로 어이도 없고 하나의 쇼에 불과하다는 것은 알게 되었습니다.

만약 그 강사의 말대로 여성도의 병자 부위가 허리이고 척추이니 다행이지만 안수하기 곤란한 부위라면 어찌할 것입니까?

나는 이 병원에 오기 전 몸에 이상 징후가 오고 마비가 오므로 인하여 그 근방에 있는 그 지역에서는 제일 큰 병원이고 새로 신설한 종합 병원에서 진단한 결과 뇌경색이라는 진단이 내려지고 속히 그 병원에 입원 치료를 받아야 한다고 서둘렀습니다.

뇌경색으로 진단 받기 전 나 역시 처음으로 CT 촬영과 MRI 촬영을 하였으며 내 평생 처음으로 그런 촬영을 하였기에 믿을 수밖에 없었습니다.

이때에 나와 나의 가족이 그 거짓된 목사를 불러서 기도해달라고 하였다면 내 머리에 손을 얹고 안수하면서 뇌경색인데 즉시 나으라고 명하였을 것이고 성령님께서는 아마 봉사가 되어 그 목사만 따라 다니면서 뇌경색을 치료하시려고 하였으나 그 병이 아니니 참으로 성령님께서도 난감하였을 것입니다.

목사가 안수하고 성령님은 그 엉터리 목사를 따라 다니시면서 정확한 진단도 아닌 것을 치료하시느라고 고생 많으시겠다고 생각하였습니다.

시편 기자는 하나님께서 인간을 창조하실 때의 일들을 이렇게 기록하였는데 시139:13-15 "주께서 내 장부를 지으시며 나의 모태에서 나를 조직하셨나이다. 내가 주께 감사 하옴은 나를 지으심이 신묘 막측 하심이라. 주의 행사가 기이함을 내 영혼이 잘 아나이다. 내가 은밀한 데서 지음을 받고 땅의 깊은 곳에서 기이하게 지음을 받은 때에 나의 형체가 주의 앞에 숨기우지 못하였나이다."라고 하셨습니다.

하나님의 신비로우심이 인간의 창조에 대하여 너무나도 정확하게 말씀하고 있습니다.

하나님께서 인간을 신비스럽게 창조 하셨으므로 인간의 약한 부분도 인간의 상한 부분도 하나님께서 정확하게 아십니다.

기도할 때에 엉터리 목사처럼 기도할 것이 아니라 나의 치료해야 할 부분을 주님께 맡기고 주님께서 주님의 방법대로 주님의 뜻대로 치료해 주시길 구하여야 합니다.

　나는 오늘날 신비주의에 치우쳐서 함부로 자기가 하나님이나 된 것처럼 설쳐대는 사람들을 볼 때에 정말이지 많이 두렵고 떨립니다.

　그 이유는 저들이 자기도 천국에 갈 수도 없을 뿐만 아니라 천국에 가려고 하는 많은 사람들에게 천국 문을 자신이 가로막고 있으며 멸망의 길로 인도하는 무리들이 이 땅에 많다는 것을 금번 기회를 통하여 깨닫고 나니 무섭고 두려운 마음이 들었습니다.

　성령님은 거짓된 목사를 따라다니시면서 거짓된 목사가 안수하는 대로 성령님은 아무것도 모르시는 봉사로 만들어 놓고 자기가 성령님을 끌고 다니면서 자기 명령에 의하여 마치 도깨비 방망이를 성령님이 들고 엉터리 목사를 따라다니시는 형편없는 신으로 착각하고 있으니 믿는 자들도 문제이고 그렇게 함부로 망령된 일들을 행하고 있는 자들도 문제입니다.

　아니 그들을 과연 하나님께서 마지막 심판 때에 그냥 내버려 두시겠습니까.

　주님께서 친히 말씀하시기를 마태복음 7장 22-23절에 보면 "그날에 많은 사람이 나더러 이르기를 주여 주여 우리가 주의 이름으로 선지자 노릇을 하며 주의 이름으로 귀신을 쫓아내며 주의 이름으로 많은 권능을 행하지 아니 하였나이까 하리니 그 때에 내가 그들에게 밝히 말하되 내가 너희를 도무지 알지 못하니 불법을 행하는 자들아 내게서 떠나가라 하리라."(마 7:22-23)라고 정말 두렵고 떨리는 말씀을 하셨습니다.

또한 베드로후서 2장 8절에 보면" (이는 이 의인이 그들 중에 거하여 날마다 저 불법한 행실을 보고 들음으로 그 의로운 심령이 상함이라) 주께서 경건한 자는 시험에서 건지실 줄 아시고 불의한 자는 형벌 아래에 두어 심판 날 까지 지키시며."라고 하셨습니다.

불의를 행하는 자들은 심판을 받을 뿐만 아니라 그 불의를 행하는 것을 보고 듣는 자들마저도 심령이 상한다고 하였으니 그냥 보고 넘길 것이 아닙니다.

우리들의 병을 정확하게 아시는 분은 하나님이시며 인간을 신비롭게 지으신 하나님께서 정확하게 아시기에 약한 부분도 상한 부분도 오직 하나님께만 맡기고 하나님의 방법대로 하나님의 뜻대로 치료해 주시길 구하고 신뢰해야 합니다.

의사도 얼마든지 오진을 할 수가 있으며 아무리 명의라고 한다고 한들 병의 진행 과정과 상한 부분 약한 부분을 의학계에서 정확하게 모르는 것이 많고 많다고 하는데 어떻게 척추 몇 번아 무슨 병이라고 의사가 진단한 것을 마치 자신이 잘 알고 있는 병인 듯이 어디가 상한 부분아 라고 하는 것은 하나님 앞에서는 망령된 일임을 알아야 합니다.

치료는 하나님께서 하시기에 기도하여 나았다면 하나님께 영광을 돌려야 합니다.

하나님은 치료의 하나님이십니다.

전지전능하신 하나님께 모든 것을 맡기고 신뢰하고 하나님의 치료를 기다릴 뿐이지 자기가 무슨 병명을 다 아는 것처럼 그리고 그저 성령님은 자기가 지적하는 그곳에 도깨비방망이나 들고 따라다니시면서 자기가 안수하는 그곳 그 부분만 치료해 달라고 하면 성령님께서 치료하여 수신다는 행위는 하나님 앞에서 용서 받을 수 없는 죄라는 사실을 나는 이번 하나님의 음성을 듣고서야 놀랍게도 깨닫게 되었습니다.

그리고 그런 악한 불법을 저질러 대는 행위를 그저 보고만 있어서는 안 된다는 것을 베드로 사도는 말씀하셨는데 (이는 이 의인이 그들 중에 거하여 날마다 저 불법한 행실을 보고 들음으로 그 의로운 심령이 상함이라)고 하셨습니다.

불법을 행하는 자들은 자신도 형벌을 면치 못할 뿐만 아니라 악한 행위를 보는 자들의 심령에도 상하게 만드는 장본인이 된다는 사실을 알고 두려워하여야 함을 분명히 나에게 깨달아 알게 하여 주셨습니다.

깨달아 알게 해주신 하나님께 감사를 드립니다.

하나님을 두려움으로 섬기면서 하나님의 행하심을 밝히 증거 하면서 살아가며 하나님의 위대하심을 날마다 나타내며 자랑하고 힘써 내게 주신 사명을 증거하며 살아갈 것을 몇 번이고 다짐하였습니다.

오늘날 신 불신 간에 이제 세상은 마지막 때라고 하는데 즉 우리 주님께서 이 땅에 재림 주로 오실 때가 임박하였는데 하나님의 말씀을 떠나서 신비주의가 판을 치고 온갖 술수로 성도들을 미혹하고 넘어지게 하고 있는 이때에 성도들은 경각심을 가지고 바른 믿음을 파수하여 나아가야 할 뿐만 아니라 거짓된 자들을 살펴보는 지혜가 있어야 하겠습니다.

미혹에 넘어지지 말아야 합니다.

두려워해야 합니다.

불법을 행하는 자들이여!

2013년 10월 22일에 고신대학교 복음 병원 중환자실에서 50여 일을 치료를 받고 회복이 되어가므로 일반실로 옮기게 되었습니다.

중환자실에서의 생활은 아마 내 일생에 있어서 가장 고통스러운 순간들이었으며 아마도 잊으려 해도 잊을 수 없는 고통과 괴로움의 순간들이었습니다.

그러나 나에게 있어서 내 평생 체험해 볼 수도 없는 하나님의 은총과 사랑하심과 너무나도 황홀한 신비한 체험을 중환자실에서 신령한 체험을 하게 되었으니 나에게 있어서는 이 중환자실이 어쩌면 평생에 잊으려 해도 잊을 수 없는 귀하고도 귀한 신비스러운 장소이기도 하였습니다.

이제 나는 전적인 하나님의 은혜로 빠르게 회복이 되어 12월 9일에 일반실에 올라와서 12월 21일 날 처음으로 침대에 걸터앉았다가 일어서게 되었습니다.

주위에서 전화가 오면 간호하는 아내가 이제 목사님이 일어서서 제 자리 걸음을 한다고 하였는데 나는 그때 그 말이 어찌나 듣기 거북하였든지 좀 걷는다고 하였으면 될 터인데 그러나 솔직하게 말하는 것이라 생각하고 삼일 후에 부축을 받아서 힘들어도 있는 힘을 다하여 간호사실 까지 걸어갔다가 왔습니다.

그 이후부터는 아내는 전화가 오면 이제 목사님이 걷는다고 하였으며 제 자리 걸음을 하지 않는다고 하니 얼마나 좋았는지 모릅니다.

그해 나는 성탄절에 교회에 가서 예배드리고 하나님께 영광을 돌려 드리면 얼마나 좋을까고 생각했으나 나의 몸이 빠르게 회복되지 않는 것 같아서 얼마나 답답하였는지 모릅니다.

성탄절에 교회에 갈 수없는 나의 처지가 너무나 불쌍하고 그렇게 안타까울 수가 없었습니다.

성탄절에 교회에 가지도 못하고 하나님께 예배도 못 드리고 하나님께 영광도 올려 드리지 못하고 나니 하나님께 죄송스러운 마음 비할 데가 없었으며 성탄절이 나에게는 너무나 소중하고 그렇게 까지 좋은 절기임을 예전엔 미처 느껴 보지도 못하였습니다.

결국 성탄절에는 병원에서 지내게 되었으며 그날 나는 하염없이 눈물을 흘리면서 정말 너무나 어디에 비 할 데 없으리 만큼 답답하고 하나님께 죄송하고 괴로웠던 하루이기도 하였습니다.

이듬해 그러니까 2014년 1월 6일에 나는 그 동안 코로 줄을 넣어 음식을 섭취하였는데 코의 줄을 두 달 반 만에 제거하게 되었습니다.

그리고 코 줄을 제거하고 난 삼일 후 1월 8일 두 달이 넘도록 나의 목을 통하여 호흡을 하였는데 그 수술한 산소 호흡기를 제거하게 되었습니다.

그런데 신기하게도 두 가지를 제거하는 그 순간에 어려웠지만 나의 의사를 말로 표현 하게 되었습니다.

그 동안 말을 하지 못하고 손과 팔을 전혀 움직일 수가 없어서 오직 오른 발만 움직일 수 있었으며 눈으로만 아내에게 의사 표시를 겨우 하게 되었습니다.

보다 못한 둘째 딸이 자판기를 그림으로 그려서 벽에 붙여 놓은 것을 발로 움직여 가면서 글을 만들어 아내가 글을 써가면서 의사 표현을 하였는데 이제는 좀 어눌하기는 하지만 말을 하고나니 얼마나 좋았고 나의 의사를 말로 표현 할 수 있다는 것이 너무나 신기하고 감사하였는지 모릅니다.

2014년 1월 12일 주일 나는 아직 모든 것이 부 자연 스럽고 걸음도 부축을 받지 아니하면 제대로 걸을 수가 없었으며 말도 제대로 표현 할 수 없었으나 나는 교회에 가야겠다고 하니 주위에서 조금 더 회복이 된 후에 가도 되지 않겠느냐고 만류를 하였습니다.

그러나 그러한 만류에도 나는 과감히 뿌리치고 두 달 이십일 만에 그렇게도 보고 싶은 성도들 그리운 창원전원교회에 오게 되었습니다.

그날 모든 성도들은 아직 걷지도 못하고 말도 제대로 할 수없는 나를 반겨 주었으며 장로님들이 양쪽에 부축하여 주어서 강단에 올라갈 수 있었습니다.

장로님들은 벌써 아래 강단을 치우고 새로이 조그마한 책상을 사서 올려놓고 의자를 준비하여 앉아서 설교할 수 있도록 모든 준비를 해 놓았습니다.

그리고 강단에는 참으로 많은 꽃들로 장식을 하여 화분에서 활짝 피어난 꽃들 속에서 나는 감격 속에서 장로님이 사회를 보고 나는 설교를 했습니다.

나는 언어도 불분명한 상태에서 설교를 하고 나의 아내는 나의 곁에서 연신 흘러내리는 눈물과 입으로 흐르는 침을 휴지로 닦아 주면서 함께 강단에 앉아서 그렇게 첫 설교를 하였습니다.

성도들도 울고 나도 울면서 예배를 드렸으나 나는 설교 준비도 할 수 없는 상태인데도 성경 한 구절을 펴놓고 설교를 하는데 설교 준비한 설교보다도 더 은혜로운 말씀들이었다고 성도들은 말하였습니다.

성령님께서 강하게 역사하심을 나는 체험을 하면서 정말

감격적인 첫 예배를 드리게 되었습니다.

이 날은 눈물의 예배였으며 잊으려 해도 잊을 수 없는 감격적인 예배였습니다.

예배를 마친 후에 교회에서 준비하여 둔 장미꽃 100송이를 나의 아내가 나에게 간호를 잘하여 주어 이렇게 내가 회복하게 되었다면서 아내에게 연세 많으신 장로님으로 하여금 선물을 하게하여 주셨습니다.

또한 교회에서는 힘껏 준비한 금일봉을 주시면서 힘찬 격려를 하여 주었습니다.

두 딜 이십 여일 만에 찾아온 교회! 그리고 병마로 볼품 없는 나의 모습이었는데 특히 병원에서 자원 봉사로 미용하시는 분이 내가 오래도록 병원 생활 할 것 같다고 하여 나의 머리를 아예 싹둑 짤 라 버려서 머리스타일은 아예 군에 입대하는 청년 같았습니다.

그리고 오랜 기간 동안 병원에 치료받아왔으니 내 몸은 그야말로 바짝 마른 환자 중에 환자의 모습 병자의 모습이었습니다.

그런데도 모든 성도들이 하나같이 염려하여 주셨으며 위하여 기도하셨고 눈물로 나를 반겨 맞아 주셨는데 그날의 감격적인 예배는 나에게 있어서 평생 잊을 수 없는 아름다움 추억의 장이 되었습니다.

코 줄은 뽑았으나 아직 물은 먹을 수도 없으며 마셔도 아니 되었으므로 점심시간에는 염려하시던 성도들이 맛있는 죽을 끓여 와서 아내가 나의 옆에 앉아서 서 죽을 떠서 입에다 넣어주는 것을 받아먹자니 나의 모습이 정말 가련하기 그지없었습니다.

정말 조금 더 나아지면 교회에 와도 되는데 무엇이 그렇게도 급했던지 하는 생각도 들었지만 나에게는 하루라도 빨리 교회에 와야 되겠고 하나님께 예배를 드리고 싶었기 때문입니다.

더욱이 하나님께서 베풀어 주신 감격적이고 놀라운 일들을 증거하고 싶어서 견딜 수가 없었으며 온 성도들과 함께 그 하나님께 영광을 돌려 드리고 싶어서 추운 겨울인데 몸도 성하지 않은 상태에서 그렇게 첫 예배를 하나님께 드리게 되었습니다.

목사인 나는 언제나 하나님께 예배를 드리지만 나에게는 그날이 너무나 은혜롭고 하나님을 자랑할 수가 있어서 얼마나 보람되었는지 모릅니다.

그날을 첫 번의 감격적인 예배라고 부르고 싶었던 것은 내가 죽음의 사선을 넘나들던 나에게 하나님께서 엄청난 은혜를 베풀어 주셔서 내가 살아서 하나님을 증거 하게 됨이 너무 감격스러웠기 때문입니다.

지난날 교회에서 그리고 여러 장소에서 많은 예배를 하나님께 드려왔었지만 나에게는 그날 내 생애에 있어서 최고의 감격스러운 예배임에는 틀림이 없습니다.

나는 그날을 잊을 수도 없을 것이며 내 남은 생애에 있어서 이 날을 평생토록 간직하고 기념하고 싶습니다.

하나님께서 넘치는 은혜를 부족한 나에게 베풀어 주셨으며 나를 죽음에서 살려주시어 말씀 증거할 수 있도록 다시 세워주신 하나님께 예배를 드릴 수 있게 되었으니 얼마나 감사와 감격이 넘쳤겠습니까?

새 길을 만들어서 함께 동행하시면서 인도하시는 하나님께 감사드립니다.

감격의 예배를 드릴 수 있도록 허락하신 하나님께 영광을 돌려 드립니다.

감사합니다. 하나님!

∝ 4개월의 투병생활

나는 4개월이라는 긴 기간을 병원에서 생활해야만 했으며 병원 생활이 그야말로 힘들고 고달픈 나 날 들이었음을 회고해 봅니다.

1년 중 3분의 1을 병원에서 투병 생활을 했으니 그 기간이 내게는 너무나 길고도 긴 나날들이었습니다.

중환자실에서 50일의 투병 생활을 견디고 나니 이제 일반실로 옮겨오게 되었습니다.

나도 무척 기다렸던 나날들이었지만 간호사들은 나에게 축하한다고는 정말 진정으로 축하하고 있으나 웬 일지 내가 과연 일반실에 간다고 하여 회복될 수 있을 런지 하는 의문도 있었습니다.

말로는 일반실에 가지만 아직 나의 몸 상태는 그야말로 심각한 병중에 있는 전혀 몸을 가눌 수조차 없었으며 움직일 수 있다면 겨우 양 발을 조금씩 움직이는 것 이외에는 양 팔도 움직이지를 못하였으며 말도 할 수 없었으니 상대방과의 의사소통이 되지 아니하니 답답함이란 말로 표현 할 수 없었습니다.

음식은 코 줄을 연결하여 의사의 지시대로 아내가 간호사 대신으로 켄 속에 있는 죽과 음료를 넣어 주었으며 호흡은 아직 산소를 통하여 목에 수술한 관을 통하여 겨우 호흡할 수가 있었습니다.

아내와의 대화도 할 수 없었으니 더욱 힘든 상태였는데 마침 둘째 딸이 컴퓨터의 자판을 그림으로 그려서 벽에 붙여 놓아 그땐 다행히 발을 움직일 수가 있었기 때문에 발로 자음과 모음을 한자 한자씩 찍어 주면 글을 만들어서 알고 나의 필요 사항을 알려주면서 소통을 하게 되었습니다.

소 대변은 이제 아내가 받아 내어야 하는 상황인지라 이제 아내가 커다란 짐을 지게 되었으니 생각만 하여도 아득하였습니다.

나는 말을 할 수 없었기에 특히 위험한 순간에 소리 지를 수도 없으므로 혹시라도 내 곁에 아무도 없으면 위험한 일들이 나에게 너무나 많이 도사리고 있었기 때문에 아내가 아이디어를 냈습니다.

아내가 나의 왼쪽 발목에 나팔을 달아 메어 두어서 움직이는 오른 발이 나팔 고무 통을 누르면 나팔 소리가 크게 나서 그걸 누르면 간호사실까지 들리므로 내가 사람을 찾을 때에는 그 나팔을 사용하기도 하였는데 면회 오는 이들이 보고 웃기도 하였습니다.

밤중에라도 호흡 곤란이 온다든지 소 대변의 일로 아내를 찾으려고 나팔을 누르면 아내는 급히 일어나서 간호를 해 주기도 하였습니다.

일반실에서는 간호사가 하던 일들을 아내가 이제 목에 있는 가래를 뽑아내는 일을 하게 되었으며 말 못하는 나에게 아내가 곁에서 너무나 힘들게 간호를 해 주어서 그 고마움을 마음속 깊이 간직하게 되었으며 얼마나 감사하였는지 모릅니다.

중환자실에서는 면회시간만 가족을 볼 수 있었는데 이제는 언제든지 가족을 볼 수 있어서 마음이 놓이기도 하였습니다.

4개월 동안의 병원 생활은 나에게 있어서 많은 교훈도 받았으며 인생의 삶에 대하여 새로운 각오와 결심도 갖게 되었고 주 하나님께 대한 신앙관도 죽음에 대한 관점도 새로워지게 되었습니다.

하나님의 놀라우신 은혜와 사랑을 체험한 이후 나는 주님이라는 말만 듣고 십자가라는 말만 들어도 눈물이 하염없이 쏟아지게 되었습니다.

내가 그렇게 울면 아내는 곁에서 흐르는 눈물을 닦아 주면서 하루하루를 보내게 되었습니다.

일반 병실에서의 예배는 나는 아예 말도 못하였기에 누

워 있는 상태에서 아내가 찬송하고 나는 마음속으로 찬송하면서 신앙고백도 기도도 마음속으로 하였으나 말씀은 아내가 보고 기도도 아내가 하면서 병실에서의 예배를 계속하여 드려 왔습니다.

이제 조금씩 걸음마를 하게 되자 나는 휠체어를 타고 발로 조금 씩 조금씩 밀면서 움직이기 시작하면서부터 나는 열심히도 휠체어를 타고 나의 발의 힘으로 복도를 다니다가 창가에 가서 저 멀리 차를 운전하고 다니는 차량을 보면서 나는 이제 차도 운전할 수 없다고 생각하니 눈물이 계속 쏟아지기도 하였습니다.

약한 모습을 아내에게 보이지 아니하려고 사람이 없는 곳에서 울고 사람이 있으면 언제 내가 슬퍼하였나 하는 자세로 아무 일 없는 듯 열심히 운동하는 모습을 보였습니다.

그러는 동안에 내가 있는 병동에서는 차츰 차츰 내가 나아지는 나의 모습을 본 환자들과 보호자들이 나에게 대한 관심을 가지게 되었으며 나의 방법을 따라하면서 그들도 휠체어로 나와 같은 방법으로 운동을 하기 시작하였습니다.

이제 나는 내가 있는 병동에서는 운동을 많이 하는 사람이고 저렇게 웃으며 활동하는 모습을 본 많은 환자들과 보호자들이 나에게 관심을 갖게 되었습니다.

그리고 나를 보는 환자들도 용기를 얻고 내가 운동하려

고 복도에 나가면 많은 환자들도 함께 나와서 같이 대화도 나누면서 운동을 하게 되었는데 갑자기 나는 유명인사가 된 것 같았습니다.

그러다가 보니 믿는 성도들을 만나게 되었으며 나는 목사라는 신분을 밝히고 나니 그들이 나에게 심방하여 주길 원하였으며 나는 그들이 원하는 대로 병실의 심방을 하게 되었습니다.

심방을 하면서 그들에게 용기를 넣어주기도 하고 내가 병을 이기게 된 일들을 들려주기도 하였습니다.

그렇게 불신자들에게는 전도도 하게 되었으며 믿는 성도에게는 심방도 하면서 그 병동에서는 나는 제대로 활동은 하지 못하면서도 환자들과 보호자들에게는 유명인사? 가 되어서 일반실에서의 투병생활은 그렇게 계속된 나날을 보내게 되었습니다.

그러던 중 나는 겨우 걷기 시작하여 아내의 도움을 받아서 복도를 걸어 다니게 되었는데 처음에는 어린아이에게 부딪쳐도 넘어지고 조금 걷다가 넘어 지고 넘어지고 나면 온 몸에 멍이 들어 담당 의사에게 걱정을 듣기도 하였습니다.

담당의사는 나에게 운동을 자제하라고 하여도 담당의사가 보이지 아니하면 또 그렇게 걷고 내가 걸을 수 있다는 것이 너무나 신기하고 나도 이제 걸을 수 있다는 자신감을 가지고 어제보단 오늘. 오늘 보단 내일 조금씩 더 많이 걸으려고 노력하였습니다.

그러면서 어려움 가운데서도 아내와 함께 찬송하며 예배드리는 우리 부부의 모습을 본 간호사들이 나에게 와서 목사님의 모습과 예배드리는 일로 인하여 자기들에게도 엄청난 힘과 용기를 가지게 되었노라고 하면서 오히려 환자인 나에게로부터 위로를 받았다고 하면서 나에게 더 많은 관심을 가져 주기도 하여 얼마나 감사하였는지 모릅니다.

4 개월의 투병생활이 지루하기도 하였으나 오히려 4개월여 동안 병원생활을 통하여 얻은 나의 영적 교훈은 너무나도 크고 잊을 수없는 오히려 아름다운 추억으로 남게 되었습니다.

내가 병원에 오기 전에 지었던 막힌 길 열어 주신 하나님이라는 책이 환자들과 보호자들에게 케어 하시는 분들에게도 많이 선물도 하였습니다.

그러다 보니 그 책을 읽으신 많은 분들이 그 책속에 일천 번 예배가 있었는데 그 책을 통하여 일천 번 예배가 병실과 책을 가지고 가신 분들이 읽은 후에는 붐을 일으키게 되어서 케어 하시는 분들도 환자들도 제법 많은 분들이 일천 번 예배를 드리게 되었습니다.

일천 번 예배를 드리는 방법을 나에게 터득하여 함께 하나님을 높이고 예배드리는 사람들이 많아지므로 너무나 감사한 일이 아닐 수 없었습니다.

나에게 있어서의 4개월의 투병 생활은 나에게 많은 영적으로 유익한 시간들이었으며 하나님의 은혜를 더욱 많이 체험하는 좋은 기회가 되었으니 나로서는 감사드리지 아니할 수가 없습니다.

과연 모든 것이 합력하여 선을 이루시는 하나님이심을 체험하게 되었습니다.

하나님께 정말 감사와 찬양을 돌려 드립니다.

주 하나님 사랑합니다. 감사합니다.

⚘ 뜻밖의 선물

하나님께서 은혜로 나에게 아들 둘과 딸 둘을 하나님께서 나에게 선물로 주셨습니다.

나의 친구들은 산아 제한을 하지 아니한다고 놀려 대었지만 나는 그들에게 말하길 너희들은 정부의 시책을 따라 사는 자들이지만 나는 하나님의 정책을 따라 사는 자이기에 아무 말노 하지 말라고 오히려 큰소릴 치기도 하였습니다.

그리고 친구들은 나에게 권면의 말도 들려주었는데 나를 보고 큰 교회에 시무하는 동안에는 통장에 돈을 예금도 하고 돈을 좀 모아놓아야 한다고 말해 주곤 하였으며 그들은 주식도 한다고 하였습니다.

그들의 말은 일리가 있는 말이고 현실적으로 틀린 말이 아니었습니다.

그러나 나는 나름대로의 신앙관과 철학이 있었는데 십일조는 하나님께! 십일조는 부모님께! 십일조는 교회와 구제하는 일에! 십일조는 자녀 교육하는 일에! 그리고 나머지는 그날 그날을 최선을 다해 살아가는 것이 나의 신앙관이자 철학이었습니다.

그리고 나는 내가 젊었을 때에 나 나름대로 주님의 일을 열심히 하므로 하나님께서 때를 따라 모든 것을 채워 주셨는데 내가 주님의 일을 하다가 늙어지면 그때 하나님께서 나는 너를 모른다. 라고 하신다라면 나는 그 하나님은 믿을 필요도 없고 그 하나님은 나의 삶에 책임도 질 수 없는 분이시기에 그 하나님께 소망도 둘 수 없고 전적으로 신뢰도 할 수 없다고 나는 큰소릴 치기도 하였습니다.

그러던 중 나의 자녀들이 모두 결혼을 하게 되었는데 결혼의 비용은 별로 잘해 주지는 않았는데도 만만치 않게 들어가게 되었으며 교회를 개척하면서 모아둔 돈도 없었으니 난감하기도 하였습니다.

그리고 이곳 예배당을 건축하면서 물론 이곳은 그렌벨트 지역이었기에 여러모로 건축하는 일과 개발하는 일에 많은 제약을 받게 되었습니다.

그러다보니 개발하는 일이 자유롭지 못하므로 많은 어려움 속에서 추진하다가 보니 시행 착오도 많이 생기게 되었으며 이곳에서의 예배당 건축과 개발 때에는 교인들은 이 장소에 아예 두려워서 참여치 못하는 여건이기에 힘든 상황이기도 하였습니다.

그러한 상황 속에서 나름대로 카드를 최대한 사용하였으며 금액이 없는 고로 현금 써비스를 사용하게 되었는데 나중에 경제적인 어려움이 밀어 닥치자 정말이지 카드 돌려 막기를 말로 듣기만 했던 일들이 나에게 닥쳐와서 카드 돌려막기를 하게 되었습니다.

그 일도 한계가 다다르게 되어서 더 이상 헤어날 수없는 상황에 이르게 되어 2013년도 12월경에 아내와 함께 모든 것을 정리하고 멀리 떠나가기로 마음을 먹고 계획을 세우고 있었습니다.

그런데 하나님께서는 우리부부가 비밀히 세운계획을 아시고 2013년 10월 말에 나로 하여금 평생 들어보지도 못한 병이 걸리게 하여 고신대학교 복음 병원에 입원을 시키시고 꼼짝도 못하게 만들어 놓으셨습니다.

손가락 마디 하나 발가락 마디 하나 움직일 수 없는 처참한 병자로 그냥 중환자실에서 누워 있도록 하셨으며 내가 할 수 있는 것은 겨우 눈동자만 움직였으며 정신은 그래도 맑았습니다.

그렇게 50일을 지나는 동안 나의 딸 영실집사와 (교회 반주) 사위인 조기훈 집사(찬양대 지휘자)가 나의 휴대폰을 나는 이제 사용할 수도 없었으므로 그 전화를 받기도 해야 하므로 딸이 가지고 갔습니다.

그런데 전화를 통하여 불입해야할 금액이라든가 이자 등 계속 전화가 오니 아내에게 자초지종을 묻게 되었으며 아내는 이야기를 하고 나니 부모가 이렇게 어려운줄 몰랐다고 하면서 울면서 나의 카드빚과 아내의 카드빚을 그날부터 갚기 시작하였습니다.

그리고 아내의 카드는 모두 딸이 압수를 하여 사용하지 못하게 하여 주므로 아내는 자유 함을 얻게 되어 오직 나의 병간호에만 열중하게 되었습니다.

4개월의 병원 생활을 마치고 퇴원 할 때는 사랑하는 나의 딸과 사위가 그렇게도 나를 힘들게 만들었던 카드빚을 모두 청산하여 주었습니다.

이것은 병원 생활을 마치고 퇴원하는 날 나의 최고의 선물 중에 최고의 선물이었습니다.

너무나 감사하고 너무나 감격스러운 일이였으며 이는 하나님께서 나에게 계획해 놓으신 가장 행복했던 일들을 딸과 사위를 통하여 뜻밖에도 좋은 선물을 준비해 놓으셨다가 나에게 주셨습니다.

로마서 8장 28절 말씀대로 "우리가 알거니와 하나님을 사랑하는 자 곧 그의 뜻대로 부르심을 입은 자들에게는 모든 것이 합력하여 선을 이루느니라." 하신 말씀대로 하나님의 섭리하심과 은총을 새삼 깨닫게 되었으며 하나님께 감사를 드렸습니다.

퇴원 후에 딸이 타고 다니는 차에 나를 실고 북면에 있는 재활 병원에서 재활을 받게 해주었는데 어느 날 장남 김영민 목사(강서제일교회)가 차를 가지고 와서 나를 재활 병원으로 갔다가 올 때에 마침 점심 식사 시간인지라 식당에서 식사를 하는 중에 둘째 아들 김영호 (보험회사 부지점장)가 모하비 차를 한 대 가지고 식당에 와서 두 아들과 함께 식사를 하고 나서 모하비 차 키를 나에게 선물로 주었습니다.

두 딸은 제법 잘살고 있으나 아들은 그렇게 잘살고 있지 않은 상태인데도 분에 넘치도록 차를 선물로 해주어서 감사하기도 하였으나 아들들의 생활을 아는 터인지라 걱정도 되었습니다.

미국에 있는 딸 장녀(클리 불렌드 한인 장로교회에 반주자)는 교회에 봉사하고 있으며 사위는 의사이며 병원 원장으로 있는데 물심양면으로 도움을 주고 있으며 금번에도 많은 도움을 주었습니다.

욥은 모든 것을 다 잃고 난 이후에 하나님을 만나 뵙게 되었고 신비스러운 체험을 한 이 후에는 갑절의 복을 받았다고 하였습니다.

나의 이야기를 들은 목사님들과 장로님들이 축하하면서 목사님 한 번 더 고생하시면 더 큰 복을 주시겠네요. 라고 하면서 농담으로 이야기를 하였습니다.

그때에 나는 다음과 같이 말하면서 웃기도 하였는데 만

약에 하나님께서 욥에게 너 한 번 더 큰 시험 당해볼래 내가 또 갑절의 복을 주겠노라고 하신다면 아마도 욥은 하나님 난 복이 필요하지 아니하니 나를 그만 데려 가십시오 하였을 거라고 하면서 나도 그런 심정이다. 라고 하였습니다.

정말이지 병중에 하나님께로부터 받은바 은혜도 크고도 컸지만 중환자실에서의 투병 생활은 참으로 참기가 어렵고 힘든 나날들이었습니다.

그러나 참기 힘들고 어려웠던 일들이었으나 투병 생활을 끝나고 나니 나에게는 많은 하나님의 은총과 주위로부터 많은 은혜를 받게 된 것은 사실입니다.

험 란하고 힘들던 투병 생활이 끝나고 나니 하나님께서 뜻 밖에 나에게 큰 선물을 주셨습니다.

야곱은 야고보서 1장2절에 보면 "형제들아 너희가 여러 가지 시험을 당하거든 온전히 기쁘게 여기라" 고하신 말씀은 시험을 당한 자에게 위로의 말씀도 되지만 이해할 수 없는 역설적인 말씀이기도 합니다.

여러 가지 어려운 시험을 당할 때에 온전히 기쁘게 여기라고 하신 말씀은 한두 가지의 시험이 아니고 여러 가지임을 의미하고 있습니다.

여러 가지의 시험은 사업의 실패로 인한 것이기도 하며 병마로 오는 시험이기도 하며 사람으로부터 오는 시험이라든지 재해 재난으로부터 오는 아픔과 슬픔의 여러 가지 시험들을 의미하기도 합니다.

인생이 살아가는 동안 여러 가지의 시험이 오지만 끝까지 인내함이 필요한 것에 대하여 야고보 사도는 야고보서 5장11절에 "보라 인내하는 자를 우리가 복되다 하나니 너희가 욥의 인내를 들었고 주께서 주신 결말을 보았거니와 주는 가장 자비하시고 긍휼히 여기시는 이시니라."고 하였습니다.

하나님은 자비하시고 긍휼이 많으신 분이심을 믿고 인내 또 인내 하면서 신앙으로 견디어 내야합니다.

신앙인 에게는 절대로 포기라는 것이 있을 수 없으며 참고 견디는 자가 승리합니다.

우리에게 다가오는 힘들고 어려운 시험을 당하여도 참고 견디고 보면 긍휼이 많으신 하나님께서 반드시 더 좋은 것으로 채워 주 실줄 나는 확신 합니다.

사랑과 긍휼이 많으신 하나님께서 없는 길 반드시 새 길을 만들어 주시는 좋으신 하나님이십니다.

더 좋은 것으로 채워 주시는 하나님이십니다.

어려운 시험과 역경이 다가와도 믿음으로 인내하면서 참고 견디기만 한다면 뜻밖에 하나님께서는 좋은 것으로 반드시 채워 주실 확신합니다.

없는 길 새 길 만드신 하나님 감사합니다.
새길 만드시고 인도하시는 하나님 감사합니다.
임마누엘의 하나님 감사합니다.
합력하여 선을 이루시는 하나님 감사합니다.

❧ 난 실패한 목사라네

　안동 중앙 교회는 내가 두 번째 개척한 교회입니다.
　개척한지 1년 쯤 되어서 안동시 옥야동에 오래전에 세워
져 있던 합동 측 교회가 외각지로 나가면서 예배당을 매각하
게 되었는데 그 예배당을 우리 교회가 어려운 가운데서 매
입하게 되었습니다.
　하나님의 은혜로 날로 부흥하며 성장하여 왔었는데　교
회 출석하시는 모 장로님이 교회 일에 최선을 다하여 희생적
으로 봉사하며 섬겨왔습니다.
　경영하시던 사업은 점점 확장 시켜 나가는 중 그 예배당
을 매입할 때에는 그 장로님이 잘 아시는 금융기관에 저당
을 하고 2억 5천을 대출을 받아서 매입하게 되었으며 그 장
로님은 교회의 재정 위원장으로 힘써 수고 많이 하신 분이
십니다.
　그러던 중 외환 위기인 IMF가 오게 되자 잘나가시던 장
로님의 사업에 먹구름이 오게 되었으며 급기야 장로님의 사
업에 부도가 나게 되었습니다.
　부도가 나자 교회가 대출 받은 금융기관에서 통보가 오

길 분명히 2억 5천정도 대출을 받았는데 더 많은 돈이 대출된 것으로 통보가 와서 알아보니 장로님이 교회 예배당을 저당하였을 때에 그 장로님이 대출 더 받아서 사용하신 것이 밝혀지게 되었습니다.

하루아침에 이런 급박한 일이 터지자 교회의 성도들과 당회 원들이 어저께 까지 그렇게 좋은 관계로 서로 아끼고 사랑하고 존경하던 장로님을 죄인 취급을 하고 함부로 몰아부치는 모습을 보았습니다.

그 장로님이 교회 위해 헌신 봉사 충성으로 희생하셨던 일들은 까마득히 잊어 버리고 그동안 별로 두각도 들어내지 않고 있던 사람들이 그 장로님을 매도하는데 너무 심하게 비난하여 버렸습니다.

그 장로님을 향하여 심하게도 비난을 잘하는 사람들은 평소에는 교회 위하여 그렇게 희생도 없었는데 이 제 역전이 되어서 오히려 그들이 교회에 뭐가 된 것처럼 행세를 하고 설쳐대는 모습을 보면서 나는 마음이 많이 상하게 되었습니다.

또한 다른 일도 터지게 되었는데 그 장로님이 사업이 잘될 때에 서로 좋은 관계로 있었던 분이 장로님에게 담보 물건을 자신의 집을 저당하여 주어서 대출을 받은 일이 있었습니다.

그 분들은 본 교회의 권사님과 장립 집사님 한분이었으나 장로님의 사업에 부도가 나고 몇 달 동안 이자가 밀리니 그 금융권에서 그 두 집을 경매 하겠다고 통보가 오게 되었습니다.

　　이런 일이 터지기 1년 전에 나의 아버지께서 곧 세상을 떠나시게 되는 병중에 계실 때에 아버지께서 나는 막내아들 집에 가서 있겠다고 하신지라 큰 누님이 많은 돈을 나에게 보내 주셔서 아파트를 매입하고 부모님을 내가 모시게 되었습니다.

　　그 때에 나는 교회의 사택에 살게 되었으므로 부모님을 모시기에는 좁은 집이었습니다.

　　그래서 부모님을 모시기 위하여 집을 구해야 하는데 당시 안동에는 전세가 별로 나지를 않고 하여 방은 네 개 이상이어야 될 것 같아서 멋모르고 50평의 아파트를 구입하게 되었습니다.

　　그것은 부모님 방 1개 두 아들의 방 1개 두 딸들의 방 1개 그리고 내가 거할 방 이렇게 하여 큰 아파트를 큰 누님의 도움으로 매입하고 등기를 나의 아내 이름으로 구입 하게 되었습니다.

　　안동 중앙 교회를 개척할 때에는 전적으로 나에게 조금 있었던 돈을 모두 다 내어놓고 개척을 하였기 때문에 아내는 아내의 이름으로 해야 마음이 놓인다고 하여 아내의 이름으로 등기를 하게 되었습니다.

그런 아파트를 우리가 가지고 있었는데 권사님 집과 장립집사의 집이 경매로 팔리게 된다고 하니 어찌 할 바를 알지 못 하였습니다.

특히 장립 집사님은 그 장로님의 사업체에서 총무 과장으로 근무한 사람이기도 하였습니다.

다급하게 생각한 나머지 나는 아내와 함께 의논 하게 되었는데 그 내용은 우리 아파트를 대신 담보해 주고 두 집을 풀어주자는 것이었습니다.

아내는 안 된다고 하다가 내가 수없이 부탁하고 권고하는 바람에 결국 아내와 함께 가서 우리 아파트를 담보물로 넣고 두 집을 풀어 주게 되었습니다.

그런데 그 날부터 그 장로님이 빚을 갚지도 아니하고 이자도 내어 주지 아니하니 내가 그때 당시 5.500만원을 빚지게 되어서 내가 이자를 갚게 되었습니다.

그 장로님이 곧 일어설 것 같아서 장로님이 부탁하는 대로 나의 이름으로 마이너스 통장을 개설하더니 2.000만원을 장로님이 내 이름으로 만들어서 그 돈도 장로님이 쓰셨습니다.

나는 갑자기 빚쟁이가 되어버리고 말았습니다.

부흥 집회에 나가서 집회 후에 주는 사례금은 이자로 충당해야만 했습니다.

이제나 저제나 기다리면서 장로님이 회복되길 기다렸으나 어느 날 장로님은 행방불명이 되어 버리고 말았으므로 그 때부터 나는 영락없이 내 힘으로는 감당 할 수 없는 큰 빚 쟁이가 되어버리고 말았습니다.

나에게는 청천벽력과 같은 일이 닥쳐오게 되었으며 감당 할 수 없으리 만큼 어려운 현실이 매일 잠에서 깨어나면 나를 짓누르고 있었습니다.

심한 어려움 속에서 나는 그만 잠이 들면 제발 깨어나지 않았으면 하는 절박감 속에서 잠들지 아니하면 근심과 걱정으로 나날을 보내게 되었습니다.

정말 하루하루의 나의 삶을 산다는 자체가 싫었으며 이렇게 힘 들 줄은 꿈에도 몰랐습니다.

나는 어려울 때에 즐겨 보는 성경이 있는데 시3편의 말씀인데 "여호와여 나의 대적이 어찌 그리 많은지요. 일어나 나를 치는 자가 많으니 이다. 많은 사람이 나를 대적하여 말하기를 그는 하나님께 구원을 받지 못한다 하나이다. (셀라) 여호와여 주는 나의 방패시요 나의 영광이시요 나의 머리를 드시는 자니이다. 내가 나의 목소리로 여호와께 부르짖으니 그 성산에서 응답 하시는 도다. (셀라) 내가 누워 자고 깨었으니 여호와께서 나를 붙드심이로다. 천만인이 나를 둘러치려 하여도 나는 두려워 아니 하리이다. 여호와여 일어나소서. 나의 하나님이여 나를 구원하소서. 주께서 나의 모든 원수의 뺨을 치시며 악인의 이를 꺽 으 셨 나이다. 구원은 여호와께 있사오니 주의 복을 주의 백성에게 내리소서.” (셀라)라는 다윗의 신앙 고백입니다.

이 말씀은 다윗이 그의 사랑하는 아들 압살롬의 반역으로 인하여 피난 갈 때에 지은 시이지만 그는 제사장의 도움도 없이 피난 가는 신세가 된 그가 제사장의 도움도 없이 누구의 도움도 바라지 아니하고 자신의 목소리로 기도하였더니 하나님께서 그 거룩한 성산에서 다윗의 기도를 들으셨다는 고백입니다.

그리고 강한 자의 이를 꺾으시고 원수의 뺨을 하나님께서 치셨다고 하였습니다.

그리고 그가 기도하고 응답받고 믿은 대로 되어진 사실들의 내용을 고백한 신앙 고백이기도 합니다.

나는 교회 앞에 이렇게 광고 하였습니다.

내가 부족하여 기도도 많이 하지 못하였으며 장로님을 바른 지도도 하지를 못하였으므로 이런 일들이 오게 되었는데 이는 전적으로 나의책임임을 통감합니다. 그러므로 나는 이 교회를 사임하려고 합니다.

그런데 교회에서는 죽어도 같이 죽고 살아도 같이 살자고 하여 결국 그 교회에서 2년여를 더 머물게 되었으나 나의 마음이 도저히 허락지 아니하여 경남으로 어머님을 모시고 그냥 아무런 연고도 없이 그리고 누구의 도움도 없이 무작정 마산에 왔습니다.

나에게는 빚과 가족만이 있었을 뿐이었으며 오직 주 하나님만을 바라보는 믿음뿐이었습니다.

하루하루를 살아가는 것이 기적이었습니다.

어느 날 네 명의 자녀들을 모아 놓고 나는 내 수중에 있는 전 재산 10만원을 내어놓고 네 명의 자녀들에 이렇게 말했습니다.

이돈 십 만원은 나의 전 재산이다 이 돈으로 네 명이 어떻게 하든지 살아 보라고 하였습니다.

큰 아들은 신학대학원에 큰 딸은 경북 대학원에 작은 딸은 안동 대학교에 막내아들은 마산 고등학교에 다니고 있었습니다.

그날 나는 그 돈을 자녀들에게 나뉘어 주고 안동에 아내와 함께 올라왔습니다.

점심때인 것 같은데 어떤 분이 나에게 휴대폰으로 전화를 하였는데 목사님 어떻게 지내시느냐고 하면서 온라인 번호를 알려 달라고 하였습니다.

마음이 별로 좋지도 아니한 상태에서 전화를 받고 나니 나의 자존심도 있고 하여 난 그런 것 없다고 거절을 하였더니 자꾸만 부탁하기에 옆에 있는 아내 에게 전화를 받으라고 건네주었습니다.

조금 후에 다시 전화가 오길 목사님 얼마 정도를 목사님 계좌에 넣어 놓았습니다. 라고 하면서 많이 못 드려 죄송하다고 하였습니다.

그분은 나와의 대화가 없었던 터인지라 어떻게 지내시는지도 모르고 그렇게 멀찍이 지내는 분이기에 그런 전화를 하고 돈을 보내 주신데 대하여 감사하기도 하였으나 부끄럽기도 하고 자존심이 말이 아니었습니다.

그런 일이 있은 후 아마 한 시간 정도 지났을까 하는데 어떤 분이 나에게 전화를 하였는데 내용인즉 내일 오전에 창원 호텔에서 만날 수 있느냐고 하면서 시간을 내어 달라고 하였습니다.

그분은 나는 전혀 알지도 못하는 분이기에 그러겠노라고 하였더니 내일 12시에 창원 호텔 중국관 정문에서 양복을 입고 서서 기다리겠노라고 하였습니다.

이튿날 그 장소엘 갔는데 옛날 내가 섬기던 교회의 신실한 청년이었는데 핸섬한 신사가 되어(김 집사) 같이 오셨다는 분과 서서 기다리고 있었습니다.

나에게 전화하신 분은 곁에 서있는 분이었는데 처음 본 분이였습니다.

만나서 인사를 나눈 후에 식사를 하면서 김 집사가 나에게 목사님 교회 개척을 하시려면 창원에 오셔서 개척하시지 왜 마산에 계십니까? 라고 하였습니다.

그때에 내가 하는 말이 집사님 개척을 하려면 돈도 있어야 하고 어떤 후원자도 있어야 하는데 나는 모든 것이 없는 실패한 목사입니다.

그러므로 나에게는 가지고 있는 돈도 없고 나를 도와 줄 후원자도 없는 상태랍니다.

그랬더니 집사님은 목사님 나는 목사님을 너무나 잘 알고 있는데 목사님 오늘 개척 하시려면 건물을 찾으세요. 땅이 필요하다면 땅도 보세요. 저가 후원자가 되어 드리겠습니다. 라고 하였습니다.

그런데 옆에 있는 분의 이야기는 김 집사가 사업에 성공을 하여 지금은 회사의 사장이라고 하였습니다.

그리고 오늘 당장에 좋은 장소를 찾아서 장소가 좋으면 개척하라는 것이었습니다.

꿈같은 이야기를 듣고 나는 이게 생시인지 꿈인지 도무지 분간키 어려운 상태였습니다.

두 분과 함께 담소를 나누면서 이런저런 이야기를 나누

면서 식사를 하였으나 나는 도무지 믿기지도 아니하여 여러 차례 묻고 또 물으면서 확인도 하였으나 이미 두 분은 오래 전부터 기도하고 생각하고 있었던 일이지 결코 오늘 갑자기 생각하고 하는 일이 아니라고 하면서 나에게 안심을 시켜 주었습니다.

나는 그 두 분에게 제안을 하였는데 그러면 두 분께서 은행에서 각자 2.000만원씩 대출을 내어 주시면 4.000만원이 되는데 내가 만약 개척을 하여 교회가 성장 하면 2년 내에 갚아 줄 것이고 만약 그렇지 못하다고 하면 나에게 돈을 사기당한 것으로 생각하고 포기 할 수 있겠는가고 물었습니다.

그랬더니 두 분이 그 정도의 돈은 바로 헌금도 할 수 있다고 하였습니다.

나는 그 분들에게 이렇게 말했습니다. 혹시 라고 헌금을 하여 나중에 교회가 성장하면 두 분이 기득권을 행사할 수 있을 텐데 그러지 말고 이자 없이 빌려 주는 것으로 하자라고 하여 두 분이 쾌히 승낙 하여 주므로 나는 얼마나 기뻤는지 모릅니다.

그날 나는 아내와 함께 날아다니는 듯이 너무 기쁘고 감격에 넘쳐서 내가 그분들을 만나는 시간에 아내는 공원에서 기다리고 있던 그 공원에서 아내와 함께 하나님께 감사의 예배를 드렸습니다.

그리고 찬양을 하면서 그 날에 건물을 찾아 나섰는데 일주일 만에 건물을 찾게 되었고 100평의 건물을 얻어서 개척하게 되었는데 그 교회가 나의 생애에 있어서 세 번째 개척 교회가 되었습니다.

그 두 분은 교회의 중추적인 일을 하셨으며 정말 최선을 다하여 전도와 희생과 충성으로 봉사하여 주셨으며 나에게 힘이 되어 주면서 서로 협력 협조하면서 교회를 세워 나가게 되었습니다.

하나님의 은혜로 교회가 놀라웁게 급성장하게 되어 갔으며 하나님께 영광을 돌려 드렸습니다.

그 분들은 나의 잊을 수없는 고마운 분들이었으며 교회 위해서도 충성하셨던 분들입니다.

또한 물심양면으로 나와 교회를 위하여 많은 희생적인 자세로 도움을 주셨던 분들입니다.

지면을 통하여 두 분께 감사를 드립니다.

나에게는 실패한 목사라네 라는 이상의 사건은 나에게 있어서 정말 부끄러운 일이였으며 별로 하고 싶지도 않는 실패한 나의 모습이기에 책에 쓰고 싶지 않은 일들이며 나에겐 알려지는 것이 안 좋은 입니다.

그러나 금번 중환자실에서 이 사건을 하나님께서 나로 하여금 깨달아 알게 하셨으며 이일도 하나님께서 하셨노라고 나에게 일깨워 주셨기에 실패한 나의 모습 부끄러운 일을 쓰게 되었습니다.

사람들은 자기의 좋은 면 자랑하고 싶은 일들을 말하고 쓰려고 하는데 나는 이런 부끄러운 일들은 정말 감추고 싶은 일들이지만 하나님께서 행하신 일이기에 이글을 쓰게 되었습니다

하나님은 막힌 길 열어 주시고 없는 길 도무지 보이지도 아니하는 막막한 곳에 새 길 만들어서 힘차게 걸어가게 하시는 살아계신 하나님이십니다.

나는 실패한 목사입니다.

그런 나를 사랑하시는 하나님을 찬양합니다.

하나님 감사 합니다.

그리고 너무 감사드립니다.

∞ 바보 목사!

하나님의 은혜로 3번째의 개척교회가 세워지고 하나님께서 놀라운 은혜를 베풀어 주시므로 일 년 반되었을 때에는 장년이 150여명이 예배를 드리게 되었습니다.

어느 날 본 교회의 장로님이 금요일 저녁에 식사를 대접하겠노라고 하여 함께 식사를 하는 도중에 뜬금없이 나에게 하는 말이 목사님 우리 교회 교인들이 85%가 목사님을 별로 안 좋아합니다. 라고 하였습니다.

이 말을 듣는 순간 나에게는 엄청난 충격이었으며 그렇다고 하여 어떻게 누구를 통하여 조사해 보았느냐고 물어 볼 수도 없는 지라 나는 알겠노라고 하고 그날 식사를 마치고 나니 기분 영 안 좋았습니다.

나는 목회를 하는 동안 나를 싫어하는 분들이 교회에 있다면 나 때문에 그분이 은혜도 받지 못하고 실망한다면 나는 그 교회를 떠난다는 것이 나의 지금껏 살아온 방식이기도 하였습니다.

그런데 85%나 성도들이 나를 싫어한다고 하니 이는 보통 문제 아닐 수 없었습니다.

그날 밤 나는 잠을 자려고해도 잘을 잘 수도 없었으며 뜬 눈으로 밤을 세우 게 되었습니다.

이튿날 토요일 저녁에 처음 나를 만나서 무엇이든지 하시라고 용기를 주고 개척교회의 후원자가 되어 주었던 그 집사님이 나를 만나자고 하여 단 둘이서 만나 바닷가에 있는 찻집으로 안내하여 둘이서 대화를 나누려하는데 그 집사님이 단도직입적으로 나에게 관한 이야기를 들었던지 목사님 그 장로님의 말을 믿어도 안 되고 들어 주어서도 안 되며 그 장로의 말은 자기 생각이고 거짓말이기 때문에 어떤 마음을 먹어도 안 됩니다. 라고 강력하게 나에게 말을 하며 권하였으나 나는 이미 마음을 정하고 있었습니다.

그러나 나는 그 집사님에게 장로님에 대한 이야기를 한 적도 없으며 지금 까지 85%의 성도들이 나를 싫어한다는 말을 하지 않았습니다.

그런 말을 하게 되면 또 교회에서 분란을 가져올 수 있을 것이기에 참고 참았습니다.

그 집사님과 오랜 시간 동안 대화를 하고 집으로 돌아 올 때도 나에게 목사님 절대로 그런 거짓말에 신경 써서는 안 된다고 하면서 나의 집에 내려 주면서 까지 당부하였습니다.

이튿날 주일이었습니다.

평소처럼 아무 일이 없는 듯이 나는 은혜롭게 설교를 하였으며 예배를 마친 후에 광고 시간에 나는 이런 말을 하게 되었습니다.

나는 하나님의 은혜로 이 교회를 세우게 되었으며 저를 도와 후원 하여 주신 분들이 희생정신으로 최선을 다하여 후원하여 주셨으므로 오늘 이렇게 교회가 안정되게 부흥 하게 되었습니다.

우리 교회는 장로님이 한분 장립 집사님들이 5분 권사님들이 열 분 집사님들이 30여분이 되어서 어느 목사님이 오신다고 하여도 이 교회를 잘 섬기면서 부흥 시켜 나갈 것입니다.

이제 나는 또 다시 아파트 주위에 가서 교회를 개척하려고 하니 오늘 이 시간 이후로 나는 이 교회의 당회장이 아니며 이 시간 나는 이교회를 사임을 합니다. 그동안 도와주신 모든 분들께 감사를 드립니다.

나는 누구 때문에 라든지 왜 사임하게 되었다든지 나의 입으로 말하지 아니하였으며 더구나 85%의 말은 입 밖에도 내지를 아니하였으며 그날 그 시간에 사임하고 집으로 돌아왔습니다.

내가 떠나온 후에 교회는 많이 시끄러운 것 같았으나 나는 그 교회를 그렇게 떠났습니다.

나는 이제껏 목회를 하는 동안 교회를 사임하게 된 이유를 단 한 번도 말한 적이 없으며 안동에서 떠나 올 때에도 그 장로님 때문에 경제적으로 너무나 힘들었으나 물론 지금도 그 문제는 해결되지 않고 나를 힘들게 하고 있으나 그 이유를 그 교회에 말하지 않고 사임하고 떠나 왔던 것입니다.

그 이후 나는 그 교회에 대하여 이야기 하고 싶지도 아니하였으며 그 어떤 분의 이야기도 하고 싶지 않고 지금껏 말하지 않고 있습니다.

어떤 목회자는 자기가 개척하였기에 그 교회를 지키는 것이 순교하는 일이라 하여 교회 내에서 분쟁을 하는 부 덕스러운 모습을 나는 보아 왔습니다.

그런 일은 결코 바람직한 일이 아니라고 나는 생각하여 왔기에 누구 때문이라는 말을 나는 한 적도 없으며 모든 잘못은 나에게 있다고 믿고 생각하여 교회를 섬겨 왔던 것입니다.

그러기에 섬기는 것도 떠나는 것도 나는 분쟁을 하지 않고 행하는 것이 나의 목회 철학이기도 합니다.

지나놓고 나니 나는 바보인 것 같습니다.

좀 따지기도 하고 싸워 보기도 하고 아니면 좀 변명도 하는 것이 맞는 것 같기도 하였습니다.

바보가 되니 나중에 들려오는 이야기는 모든 것들이다 내가 잘못한 것 같이 들려오고 나에게 대하여 비판하는 사람들은 그 교회에서 가장 유력한 사람으로 군립 하는 것을 보아왔습니다.

내 하나가 죽어 지면 다 좋고 교회도 곧 분쟁이 끝난다면 이 보다 더 좋은 일이 어디에 있겠습니까?

그러나 나는 그런 기대는 하지도 아니하였으나 얼마의 세월이 지나고 나면 곧 나의 처세가 잘했다는 판단도 들고 들려오는 이야길 들어보면 나의 잘못은 전혀 없었다는 이야기를 듣기도 하였습니다.

하나님은 살아계시며 우리와 함께하시고 계시며 우리의 형편을 세밀히 보살피시는 하나님이십니다.

그리고 하나님께서 나를 세밀히 보셨기 때문에 공의 로 우신 하나님께서 공의롭게 판단하시고 심판하시는 하나님이심을 믿기 때문입니다.

잠시 이 세상 살다가 하나님께서 부르시면 가야할 나그네 인생이 무엇을 위하여 싸우고 이겨야 되겠다고 좋지 못한 정치나 하고 남을 판단하고 정죄하는 일은 결코 바람직하지 않는 일이라 생각합니다.

바보가 되면 하나님께서 위로하여주시고 너는 바보가 아니라고 하나님께서 인정하여 주시면 그것으로 기뻐하고 만족해야 할 것입니다.

하나님 앞에서 바보가 되는 것이 좋은 것 같습니다.

그래야 하나님께서 인정하시고 세워 주시고 하나님께서 내편이 되어 주시기 때문입니다.

하나님 바보 목사를 세워 주시니 감사합니다.

✥ 4번째 교회 개척

3번째의 교회를 사임한 후에 나는 아파트 입주지인 대방동에 상가를 얻으려고 했으나 상가가 오직 전매만 나왔지 월세라든가 전세는 전무한 상태였습니다.

마침 나의 뜻을 알고 있는 성도 몇 분이 협력하여 상가를 찾게 되었는데 100평의 건물을 찾게 되어 주인과 만나서 협상을 하게 되었습니다.

그런데 건물 주인은 전세도 월세도 아니 되고 오직 매입하라는 것이었습니다.

가격은 평당 400만원으로 말로만 듣던 4억 엄청난 금액이었으며 앞이 캄캄 하였습니다.

건물 주인은 나의 딱함을 보았던지 계약금만 주고 교회를 개척하신 이후에 되는대로 6개월 정도의 기간을 주면서 잔금을 치루 어도 된다고 하였습니다.

아무리 다른 방법을 모색해 보려고 하여도 방법이 없었기에 그렇게 하여 계약을 하게 되었습니다.

11월 셋째 주일은 추수 감사 주일인데 그날이 우리교회의 창립일이 되는 날입니다.

교회의 처음 예배를 드리는 날 나는 중고 성구를 구입하고 예배를 드렸는데 그날 이후 이듬해 1월 말 정도 되니까 장년 교인이 50여명으로 불어나게 되었으며 이에 힘을 얻어서 건물을 모두 사용하게 되었으며 마침 농협의 모 지점장님의 도움으로 대출을 받게 되므로 건물 전체를 매입하게 되었습니다.

물론 그동안의 과정에는 남모르는 어려운 고비도 있었지만 그때그때마다 하나님께서 위로하여 주셨으며 도움을 주셔서 극복하고 이겨낼 수가 있었습니다.

하나님의 은혜가운데 교회는 날로 성장을 하면서 은혜로운 교회로 든든히 세워져 가게 되었습니다.

개척한지 1년 반 만에 교회는 특별 새벽 기도회를 하게 되었으며 그해에는 정부에서 주오일 근무제가 실시되는 해이기도 하였습니다.

많은 교회들이 전원교회를 꿈꾸어 오는 해이기도 하였으며 큰 교회들은 전원적인 교회를 계획하고 준비도 한다는 이야기를 많이 들었습니다.

그러나 우리 교회의 형편으로는 감히 생각도 할 수없는 꿈같은 이야기였습니다.

마침 우리 교회에서는 부흥회를 하자고 하여 내가 강사가 되고 부흥 집회를 하게 되었는데 하나님의 은혜로 풍성한 은혜 가운데 부흥회도 잘 마치게 되었으며 나의 꿈을 이야기할 좋은 기회이기도 하였습니다.

부흥회를 마친 후에 아내와 함께 전원 교회를 하려면 어떠한 장소가 좋은 곳인지 기도하는 마음으로 이곳저곳을 구경하게 되었습니다.

얼마 지나지 아니하여 마침 지금의 장소를 보게 되었으며 이 부지에 대하여 듣자 하니 이 장소를 옛날 IMF가 오기 전에 모 교회에서 매입하려다가 가격이 조정이 되지 아니하는 바람에 중도에서 매각이 되지 아니하게 되었으며 그 때 당시에는 제법 많은 가격에 흥정이 되었으나 IMF가 지나고 나니 땅 주인도 매각 하지 아니하려 했다고 합니다.

그러던 중 땅 주인의 가정에 어떠한 일이 있어서 급히 매삭하려고 할 때에 나를 만나게 되었으며 별로 흥정도 하지 아니한 체 이 땅을 매입하게 되었습니다.

계약금 대부분은 소개한 부동산에서 대체 하다시피 하였고 잔금은 농협 지점장님이 대출하여 주기로 하고 계약을 체결하게 되었습니다.

그리고 우리가 사용하고 있는 상가건물은 갑자기 가격이 올라가서 매각을 하게 되었는데 5억 6천만 원에 매각을 하게 되었습니다.

결국 우리 교회는 대출로 상가건물을 매입하고 일 년 반

만에 1억 6천만 원을 벌게 되어 우리교회의 총 자산은 1억 6천만 원이 되었습니다.

현재의 부지에서는 건축한다는 것은 불가능한 땅이었으나 전적인 하나님의 은혜와 섭리 속에서 허가를 받았으며 건물도 짓게 되었습니다.

건축하고 첫 예배를 드린 때가 11월 셋째 주일이었으니 개척한지 이 년 만에 우리 전원 교회의 땅 4,000여 평 속에 지어진 전원교회당에서 추수감사절에 교회 설립 2주년 감사 예배를 드리게 되었습니다.

이것은 실로 정말 꿈같은 이야기이며 이는 전적으로 하나님께서 행하신 기이한 일입니다.

물론 전원 교회의 생활은 모든 것이 좋고 아름다운 것은 아니지만 날마다 아름다운 교회를 하나님의 은총 속에서 점점 더 아름답게 세워져 나아가고 있으며 이제는 전원교회의 생활이 성도들과 함께 너무 행복하게 지내고 있습니다.

세워 주시고 채워 주시는 하나님!

날마다 감사와 감격이 넘쳐서 주님을 섬기게 하옵소서라는 기도가 우리들의 기도입니다.

우리의 전원교회를 세워 주시고 함께 하시는 하나님 감사합니다.

❧ 측량 못할 하나님의 섭리!

우리 전원 교회의 모 집사님이 있었는데 그분은 신용 불량자가 되어서 지금은 우리 교회 나오시지 않고 있지만 그때 당시 창원시에서 관리하는 임대 아파트에서 살게 되었습니다.

시청에서는 그 아파트에 입주하여 있는 모든 분들에게 우선권을 주면서 가장 저렴한 가격에 분양을 해 주도록 하는 좋은 혜택을 주었습니다.

그러나 그 아파트를 분양 받으려면 당장에 2,000만원이 있어야 하는데 그 돈이 없는 사람들은 살고 있는 아파트를 은행에 저당을 하고 대출을 받아서 아파트를 분양 받을 수 있도록 하였으나 그 집사님은 신용 불량자가 되다가보니 아파트를 저당하여 대출도 받을 수가 없는 어려운 상황이었습니다.

그렇다고 그 집사님에게는 이천만원의 현금도 없어서 나에 그 아파트를 나의 이름으로 분양을 하고 자기에게 600만원 정도를 주면 월세라도 얻어서 나갈 터이니 자기를 좀 살려 달라는 것이었습니다.

나에게는 더더구나 그만한 돈도 없었으며 분양을 받을 만한 능력 또한 전혀 없었습니다.

당장에 2,500만 원 정도가 있어야 하는데 그런 돈만 있으면 우선 그 집사님도 살릴 수가 있으며 나에게는 저렴한 가격으로 아파트를 분양도 받을 수가 있는 좋은 기회이긴 하였으나 나에게는 그런 능력이 없어서 정말 답답하기 그지없었습니다.

그런데 그 집사님과 장시간 동안 전화를 받고 걱정을 하고 있는데 대구에 있는 내가 잘 아는 장로님이 전신전화국에서 부장으로 근무하다가 명퇴를 하면서 퇴직금도 제법 있었던 모양인데 그 분이 나에게 전화를 하면서 목사님 통장에 돈 2,500만 원을 넣어 놓았으니 사용 하시려면 하라는 것이었습니다.

거저 주는 돈은 아니고 이자를 줘야 하고 아마도 나에게 필요하면 쓰고 필요치 아니하면 돌려 달라는 의미이기도 하였습니다.

나는 이것도 하나님께서 그 집사님을 살려내시려는 하나의 방편이시고 나에게 우선 그 아파트를 분양하라는 의미인 것 같아서 즉시 그 집사님에게 전화를 해서 전후 사정이야기를 다하고 그 이튿날 아파트를 분양하면서 아내의 이름으로 등기를 하게 되었습니다.

그런데 조그마한 20평 남짓 한 아파트 인데 가격이 계속 올라가더니만 4년 정도 지나서 매각할 때에는 1억 1천만 원 정도를 받고 매각하게 되었습니다.

가난한 목사이기에 하나님께서 조금이나마 빚이라도 갚으라고 하시는 하나님의 오묘하신 섭리이며 은총이었던 것을 알고 나니 얼마나 감사한지 모릅니다.

이일도 하나님께서 하셨으며 나에게 측량 못할 하나님의 은총임을 보여주시고 체험시켜 주신 긍휼이 많으신 자상하신 하나님이십니다.

나의 아버지께서 소천 하시기 전에 나에게 강원도 삼척 부근에 있는 산이 있는데 그 산을 나의 이름으로 등기를 하라시면서 아버지께서 나의 이름으로 등기를 하시고는 그 산에 나를 데리고 가셔서 측량하신 대로 흰 페인트를 나무에 칠하시면서 산의 경계선을 알려 주셨는데 여기서는 너무나 멀리에 있는 산입니다.

나는 그 산에 대하여 별로 관심도 없고 가격도 별로 인지라 갖지 아니하려고 하였으나 한사코 내 이름으로 등기를 해 놓으셨기에 가지고는 있지만 뜻밖에도 그 산에는 송이가 많이 나는 산이기도 합니다.

송이 값이 많이 있을 때에는 제법 돈이 되는 산이기도 하였는데 산을 관리 하는 사람이 있어서 송이 값으로 나에게

일 년에 얼마정도를 주기도 합니다.

그런데 십 수 년 전에 그 산이 있는 곳 속초. 강릉. 삼척. 울진에 삼사일 정도의 산불이 크게 나서 강한 바람으로 인하여 온 산이 다 타버린 적이 있었습니다.

그 때 당시 TV에서 뉴스시간에 많이 방송되었기에 국민들은 잘 알고 있으며 나 역시 그 뉴스를 보면서 그렇게도 울창한 소나무가 있는 내 산도 다 타버렸구나 라고 생각하니 마음이 좀 씁쓸하기도 하였습니다.

산에 불이 난지 일 년쯤 지나서 아내와 함께 그 산에 가서 상황을 보려고 갔습니다.

그곳 산에 가려고 울진을 지나는데 벌써 너무나 온 산이 다 타버렸기에 산의 모습은 그야 말로 흉측하기 그지없는 벌거숭이의 산들이었습니다.

나의 산 부근에 다 달았을 때에는 흉측하기 보다는 처참한 상태였습니다.

나는 아내 더러 이제 그만 보고 돌아가자고 하였는데 아내는 그래도 여기까지 왔으니 산에 올라가서 기도하고 가자고 하였습니다.

나의 산에 올라가려면 그 산까지 자동차가 올라갈 수 있도록 중간 중간 포장도 되어있어서 승용차로 가도 불편하지는 않은 곳입니다.

동리에서는 나의 산이 보이지를 않기 때문에 차를 몰고 한 1.2십분 정도 가야만 했습니다.

아내의 말 대로 그 산에 가서 기도하고 가려고 타버린 산에 차를 몰고 올라갔습니다.

산에 도착하니 나의 눈을 의심할 정도로 이상한 일들이 나에 앞에 펼쳐져 있었습니다.

온 산은 민둥산이었는데 내산은 불이 옳 겨 붙지 아니하고 푸른 소나무가 우뚝서있었습니다.

나는 말문이 막혀 도무지 아무 말도 할 수 없었으며 한동안 멍멍히 서있을 수밖에 없었습니다.

나는 울었습니다. 하나님께서 나의 산의 경계까지 하나님께서 알고 계시면서 그 산이 무엇이기에 그 산의 경계선을 훌쩍 뛰어 넘어서 다른 산은 다 타버렸는데 어떻게 내 산에는 불이 붙지 않았을까를 생각하니 하나님께 감사를 드려야겠지만 하나님의 세밀하신 섭리를 눈으로 보게 되니 하나님이 너무나 두려웠기도 하였으나 감사가 터져 나왔습니다.

나의 산 별것도 아닌데 그 경계선 밖에는 모든 산들이 불타 버렸으며 그 경계선 안인 나의 울창한 소나무는 전혀 타지도 아니하고 있으니 하나님께서는 나의 산의 경계선 까지 알고 계시는 하나님이십니다.

나는 그곳 그 산에서 아내와 함께 하나님 감사합니다. 라고 외치면서 하나님께 찬송을 몇 번이고 부르고 또 부르면서 그곳 그 불타지 아니한 산에서 무릎을 꿇고 예배를 드렸습니다.

참으로 하나님의 은혜와 은총은 측량하려해도 측량할 수조차 없는 세밀하신 하나님이십니다.

시편 40편5절에 보면 "여호와 나의 하나님이여 주께서 행하신 기적이 많고 우리를 향하신 주의 생각도 많아 누구도 주와 견줄 수가 없나이다. 내가 널리 알려 말하고자 하나 너무 많아 그 수를 셀 수도 없나이다."라고 시인이 고백하였는데 하나님께서 나를 향하여 생각하시는 것이 너무 많고 많아서 셀 수조차 없다고 하면서 시인은 감격에 넘쳐서 찬양하고 있습니다.

하나님께서 나를 생각하시고 계획하시는 그 놀라운 일들은 어찌 다 표현할 수가 있겠습니까?

측량 못할 하나님!

아니 측량 할 수조차 없는 하나님이십니다.

이 하나님이 나와 함께 하신 다면 이 세상 어떤 세력들도 두렵지 않고 이 세상 어떤 것들도 부러울 것이 전혀 없습니다.

나는 매년 이젠 그 산에 일 년에 3번 정도는 그 곳에 가서 송이를 따서 옵니다.

이젠 그 산에 올라갈 때에는 나의 차로 나의 산 경계선에 한쪽은 불타고 나의 산은 불타지 않은 그곳에 나의 차를 세워 놓고 울창한 소나무를 보면서 항상 하나님께서 불타지 않게 하신 산이라고 볼 때마다 감격하면서 기도하고 송이를 따서 오곤 합니다.

이사야 14장 24절에 보면 "만군의 여호와께서 맹세하여 이르시되 내가 생각한 것이 반드시 되며 내가 경영한 것을 반드시 이루리라."고 하셨습니다.

세밀히 살피시고 도움 주시는 하나님!

측량 못할 하나님의 은총에 감사를 드립니다.

⚖ 자기 몫 찾는 사람들

나는 지난날에 어느 교회에서 시무하다가 그 교회를 사면하고 나올 때에 한 번도 퇴직금이라는 걸 받아 본적도 또 받지도 아니하였습니다.

세 번째 교회를 개척하고 그 교회를 사임하고 나올 때에 그 교회에서는 매 주 첫 주에 한 달 사례금을 나에게 주었습니다.

그런데 나는 그 교회를 사임 할 때가 두 주간을 시무하였으며 두 주간은 더 시무하지 못한 체 그 교회를 사임하게 되었습니다.

그래서 그 교회를 사임 하고 난 이후 한 주간이 지난 다음 그 교회를 개척할 때에 적극적으로 나의 후원자로 도와주셨던 집사님이 그 교회의 재정 집사님이시기에 전화를 하여 내가 두 주간을 시무하고 한 달 치 사례를 받았는데 두 주간의 사례금은 내가 시무치도 못한지라 사례금 반을 돌려 드리고 싶다고 하면서 온라인 번호를 알려달라고 하였습니다.

그 집사님은 나를 간곡하게 그렇게 붙잡았으며 이해하시라고 했는데에도 이 교회를 그냥 사임하고 가버린 나에게 매

우 화가 났던지 온라인 번호도 알려 주지 아니하면서 매우
화가 나있었습니다.

대화가 잘되지 아니하여 그만 포기 하였는데 나의 목회를
하면서 이렇게 두 주간을 시무하지도 아니한 체 한달 사례금
을 받은 것이 못내 나의 흠이기도 하여 다른 방법으로 이 문
제를 해결 하였습니다.

사무엘상에 보면 엘 리 제사장의 두 아들이 있었는데 홉
니와 비느하스였습니다.

삼상 2:12-17 "엘리의 아들들은 행실이 나빠서 여호와
를 알지 못하더라. 그 제사장들이 백성에게 행하는 관습은
이러하니 곧 어떤 사람이 제사를 드리고 그 고기를 삶을 때
에 제사장의 사환이 손에 세 살 갈고리를 가지고 와서 그것
으로 냄비에나 솥에나 큰 솥에나 가마에 찔러 넣어 갈고리
에 걸려 나오는 것은 제사장이 자기 것으로 가지되 실로에서
그 곳에 온 모든 이스라엘 사람에게 이같이 할 뿐 아니라 기
름을 태우기 전에도 제사장의 사환이 와서 제사 드리는 사람
에게 이르기를 제사장에게 구워 드릴 고기를 내라 그가 네게
삶은 고기를 원하지 아니하고 날것을 원하신다 하다가 그 사
람이 이르기를 반드시 먼저 기름을 태운 후에 네 마음에 원
하는 대로 가지라 하면 그가 말하기를 아니라 지금 내라 그
렇지 아니하면 내가 억지로 빼앗으리라 하였으니 이 소년들

의 죄가 여호와 앞에 심히 큼은 그들이 여호와의 제사를 멸시함이었더라." 라고 하신 말씀이 있습니다.

이는 그 때 당시 엘리 제사장은 막강한 제사장의 직분을 남용한 체 순수한 번제를 드리려는 국민들에게 갈취를 하였던 것입니다.

하나님께 드리는 제물보다는 자기의 것을 더 중요하게 생각하였으며 자기의 몫을 자기가 어느 정도의 선을 정해 놓고 원하는 대로 주지 아니하면 완력으로라도 빼앗아가려는 망령된 일을 행하므로 여호와의 제사를 멸시함이었더라고 하셨습니다.

자기 몫을 찾기에 혈안이 되어있는 사람들은 옛날이나 지금이나 변함없이 이 땅에 많이도 있으며 그 일들을 행하고 있는 자들은 즉 하나님을 멸시하는 자들은 하나님을 두려워하지도 아니하고 자기 주머니 채우기에 급급해 하고 있습니다.

엘리제사장의 아들들처럼 내 몫을 찾기 위해 혈안이 되어 있었던 것처럼 오늘날 글에 담기조차 싫은 일들이 교회 안에서 자행되고 있는 실정입니다.

교회의 조직되어 있는 기관 마다 좀 큰 교회는 내 몫을 챙기고 그래서 그것으로 무슨 모임에 어떤 일 때문에 써야하고 단합대회를 하는데 사용하느라고 내 몫 찾으려고 안간 힘을 쓰기도 하다가 보니 교회 안에서 이런 저런 소리가 터져 나오기도 합니다.

그러다가 보니 사임하는 목사는 아예 대어놓고 흥정을 하고 있으며 내가 얼마동안 시무하였으니 내 몫은 어느 정도 되어야 한다고들 요구하고 그렇게 그 몫을 주지 아니하면 노회가 전권위원회를 구성하고 교회와 목사간의 제 몫 챙기기 위해 분쟁을 하고 있으니 하나님 앞에서의 큰 죄가 아닐 수 없습니다.

교회의 법으로 안 될 때에는 사회 법정에 가서 서로 제몫을 챙기려고 추태를 벌리고 있는 모습들을 신문에서도 종종 보기도 합니다.

사실 교회의 적든 많든 그 돈은 성도들이 오직 하나님께 드린 예물임에는 틀림이 없건마는 그 돈이 자기의 것인 양 서로의 몫을 챙기기에 급급하고 있으니 이를 보시는 하나님 앞에서 어떻게 변명을 하려는지 두려운 일이 아닐 수 없습니다.

요즘에는 목사들의 내 몫 챙기느라고 많은 노력을 하다가 보니 언론에서 교회의 비리라고 하면서 언론에 오르내리고 목사들도 몇 억 십억 백 억 하는 소리가 심심찮게 들려 지고 있으니 억! 억! 소리 때문에 교회 가 교회가 아니라 교회 안에서 이젠 돈 소리가 억 억하고 억 소리가 판을 치고 있는 실정입니다.

주님께서 이 땅에 계실 때에 성전 안에서 돈 바꾸는 자들을 보신 주님께서 진노하시면서 노끈으로 채찍을 만드셔서 그들을 내어 쫓아 버리신 적이 있습니다.

마태복음 21장 12-13절에 보면 "예수께서 성전에 들어 가사 성전 안에서 매매하는 모든 사람들을 내쫓으시며 돈 바꾸는 사람들의 상과 비둘기파는 사람들의 의자를 둘러 엎으시고 그들에게 이르시되 기록된바 내 집은 기도하는 집이라 일컬음을 받으리라 하였거늘 너희는 강도의 소굴을 만드는 도다 하시니라."고 하시면서 매우 진노하심을 볼 수 있습니다.

가난한 성도들의 헌금도 있고 돈 많은 사람들의 헌금도 있지만 우리 주님께서는 가난한 과부의 헌금을 귀하게 보셨습니다.

이는 많고 적고를 떠나서 하나님께 바친 헌금을 주님께서 보고 계시며 귀하게 보시고 계시기에 바치는 것도 중요하지만 사용되는 것도 매우 중요함을 교훈하여 주시는 말씀이기도 합니다.

그런데 그 귀한 헌금 하나님께 바친 헌금 하나님께서 보고 계시는 헌금이지만 여기에는 아랑곳 하지 아니하면서 자기 몫 찾기에 혈안이 되어 있다면 이는 분명 홉니와 비느하스의 후예임이 틀림없으리라 생각되며 두렵고 떨리는 현제의 상황인 것입니다.

오늘날 교회도 노회도 총회도 총회가 경영하는 기관에도 모두가 자기 몫 찾으려고 이권 다툼이 심하여 이곳저곳에서 인간의 소리가 진동하고 여기서도 억 저기서도 억 하는 소리가 천지를 진동하고 있습니다.

엘리 제사장과 두 아들들의 가정 문제 때문에 그의 가정이 망 하는 것은 너무나 당연하였지만 그 일 때문에 나라가 망하게 된 것을 거울로 삼아야 합니다.

하나님이 우리의 진정한 몫입니다.

시편 기자는 시편 119편 56-57절에 "내 소유는 이것이니 곧 주의 법도를 지킨 것이니이다. 여호와는 나의 분깃이시니 나는 주의 말씀을 지키리라 하였나이다." 라고 하였습니다.

열왕기하 5장에 보면 아람나라의 나아만 장군이 나병으로 인하여 고통을 당하였는데 엘리사가 그의 병을 고쳐준 적이 있었습니다.

여기까진 좋았는데 나아만이 가지고 온 예물을 엘리사가 받지 않게 되자 엘리사의 사환이 자기의 몫을 챙겨보려고 엘리사 몰래 나아만에게 갔습니다. 열왕기하 5장22-23절에 보면 "그가 이르되 평안하나이다. 우리 주인께서 나를 보내시며 말씀하시기를 지금 선지자의 제자 중에 두 청년이 에브라임 산지에서부터 내게로 왔으니 청하건대 당신은 그들에게 은 한 달란트와 옷 두벌을 주라 하시더이다. 나아만이 이르되 바라건대 두 달란트를 받으라 하고 그를 강권하여 은 두 달란트를 두 전대에 넣어 메고 옷 두벌을 아울러 두 사환에게 지우매 그들이 게하시 앞에서 지고 가니라."고 하는 사건이 소개 되고 있습니다.

그 사건의 결론은 5장 26절에 "엘리사가 이르되 한 사람이 수레에서 내려 너를 맞이할 때에 내 마음이 어찌 은을 받으며 옷을 받으며 감람원이나 포도원이나 양이나 남종이나 여종을 받을 때이냐 그러므로 나아만의 나병이 네게 들어 네 자손에게 미쳐 영원토록 이르리라 하니 게하시가 그 앞에서 물러나오매 나병이 발하여 눈같이 되었더라."라고 하였습니다.

게하시는 스승이 예물을 안 받으면 자기는 엘리사의 수종 드는 사환이기에 수 종 드는 사환으로서 일을 조그마한 일 즉 엘리사의 명령을 그대로 스승을 대신하여 나아만 에게 전하여 주었으니 종으로서 조그마한 수고의 대가를 챙기는 것도 즉 제 몫을 챙기고 받는 것이 당연하다고 생각하였을 런지도 모릅니다.

혹시 종으로서 자기가 전하여준 말에 나아만이 순종하였

으나 착각으로 자신의 말이 권위가 있어서 치료가 된 줄 착각하였는지도 모릅니다.

엘리사의 명령을 그는 전하여준 것뿐이고 나아만이 순종하였기에 치료가 되었는데 게하시는 자기가 무슨 일을 한 것으로 착각하여 그 엄청난 일을 저질렀는 지도 모를 일입니다.

그가 당당하게 요구한 것을 보면 분명코 게하시는 착각을 한 것이 분명하고 그래서 나아만도 그것이 당연한 줄 알고 더 많이 주었던 것입니다.

주님의 이름으로 주님을 빈는 자에게 주님께서 치료 하여주셨는데 종인 목사가 무슨 큰일이나 행하고 자기가 무슨 권세가 있는 것처럼 제 몫을 찾으려는 자들이 있으니 주님께서 보실 때에 어떻겠습니까?

주님의 이름으로 기도하여 병자가 나았다면 그리고 주님의 이름으로 심방을 하였다면 주님께 영광을 돌리는 것이 마땅한 일입니다.

이는 엘리사의 명령을 게하시가 그대로 전하여 주었듯이 주님의 종들은 오직 주님의 명령을 전하고 주님의 이름으로 기도할 뿐이기 때문입니다.

주님의 이름으로 병자 위하여 기도 한번 해주고 그리고 주님의 이름으로 심방해 주고 난 후에 반드시 제 몫 챙기려

하는 자들도 있으며 성도들도 그렇게 챙겨 주는 것인 줄 알고 홉니와 비느하스와 게하시가 강요를 하면 당연한줄 알고 가지고 가도록 했던 것처럼 오히려 더 주려고 했던 것처럼 행하고 있으니 이는 그들의 결과가 어찌 될 것인지 두려워해야 합니다.

주 하나님의 명령을 전하여 준 조그마한 일들을 하였다고 하여 제 몫을 챙기려고 한다면 이는 결코 게하시보다 낫다고는 할 수 없습니다.

사도행전 3장에 보면 베드로와 요한이 나면서부터 앉은뱅이이며 구걸하면서 살아가는 자를 고쳐준 일이 있었는데 이를 본 많은 백성들이 베드로와 요한을 놀라 우러러보면서 행각에 모여 들었습니다.

이때에 베드로와 요한이 사도행전 3장 14-16절을 보면 "너희가 거룩하고 의로운 이를 거부하고 도리어 살인한 사람을 놓아주기를 구하여 생명의 주를 죽였도다. 그러나 하나님이 죽은 자 가운데서 그를 살리셨으니 우리가 이 일에 증인이라 그 이름을 믿으므로 그 이름이 너희가 보고 아는 이 사람을 성하게 하였나니 예수로 말미암아 난 믿음이 너희 모든 사람 앞에서 이같이 완전히 낫게 하였느니라." 라고 하였는데 이는 그 앉은뱅이가 믿는 믿음도 예수님께로부터 났으며 예수님께로 난 믿음이 그에게 있으므로 예수님께서 그를

고치셨다고 하면서 예수님께만 영광을 돌리면서 예수님의
이름을 높였던 것을 볼 수 있습니다.

하나님께 돌아가야 할 영광을 인간이 가로 채버리면 또한
헤롯이나 다를 바가 없습니다.

사도행전 12장 23절에 보면 "헤롯이 영광을 하나님께로
돌리지 아니하므로 주의 사자가 곧 치니 벌레에게 먹혀 죽으
니라."라고 하였습니다.

조그마한 일들을 해 놓고서는 으스대는 사람도 있으며 자
기의 이름을 내려고 하는 사람들도 있으며 자기가 무엇을 행
하였으니 당연히 무슨 보상을 받아야겠다는 자기 몫 찾는 사
람들 참으로 두렵습니다.

신약에서도 아나니아와 삽비라 라는 초대교회 집사가 있
었는데 은혜를 많이 받은 후에 자신의 소유를 팔아서 베드로
앞에 가지고 온 적이 있었습니다.

은혜를 받은 후에 자신의 재산을 하나님께 바치고 가난
한 자들에게 주려는 마음으로 팔았으나 팔 때와는 달리 자
기의 몫을 챙겨야 되겠다는 마음으로 얼마를 감추어 둔적이
있었습니다.

사도행전 5장 1-4절에 보면 "아나니아라 하는 사람이 그
의 아내 삽비라와 더불어 소유를 팔아 그 값에서 얼마를 감
추매 그 아내도 알더라. 얼마만 가져다가 사도들의 발 앞에

두니 베드로가 이르되 아나니아야 어찌하여 사탄이 네 마음에 가득하여 네가 성령을 속이고 땅 값 얼마를 감추었느냐 땅이 그대로 있을 때에는 네 땅이 아니며 판 후에도 네 마음대로 할 수가 없더냐. 어찌하여 이 일을 네 마음에 두었느냐 사람에게 거짓말한 것이 아니요 하나님께[로다." 라고 하였는데 자기의 몫을 찾는 자의 모습을 보여 주고 있습니다.

오늘날 제 몫 찾기에 혈안이 되어 교회야 시끄럽게 되든 말든 하나님께 욕이 돌아가든 말든 나만 내 몫을 마음껏 챙기면 된다는 사고방식으로 살아가는 현실의 모습은 참으로 참담하기 이를 데 없습니다.

모든 것의 주인은 주님이십니다.

모든 것의 주인이 되시는 하나님께서 어떻게 보시고 심판하실 런지 두렵고 떨립니다.

주님이 지켜 주시면 됩니다.

주님께서 나의 보배이시기 때문입니다.

내 몫을 안 챙겨도 하나님이 챙겨 주십니다.

하나님께서는 넘치도록 더 풍요롭도록 채워주시는 사랑의 하나님이십니다.

∞ 선을 이루신 하나님

　나는 안동 중앙교회에서 시무할 때에 미국의 하바드 대학 로스쿨에서 수학 한 적이 있었는데 그 때에 그 학교의 초청으로 10년의 미국 비자가 나왔습니다.

　10 여년이 지나서 다시 비자 연장을 하려 하였는데 어찌 된 일인지 켄슬이 되어 버린지라 내가 무엇을 잘못하였기에 연장이 되지 아니한가에 대하여 의구심도 있었으며 한편으로는 상당히 기분이 좋지를 않아서 앞으로 미국엘 가지도 말아야겠다고 스스로 위로하면서 지나 버리게 되었습니다.

　세월이 지나서 나의 큰딸이 교민 2세인 사위 되는 사람과 중매가 성사 되어 소위 선을 보게 되었습니다.

　나는 그 자리에 가지도 아니하였고 아내와 딸이 가서 선을 보고 난 다음에 양가정과 나의 딸과 사위되는 사람이 서로 눈이 맞아서 서로 허락하였노라고 나에게 전화가 왔습니다.

　그때에 나는 무엇이 그렇게 급하게 생각할 시간도 없이 하였느냐고 했더니 내일 다시 만나서 나를 만나겠다고 하면서 내일 나와 만나자는 것이었습니다.

급한 감은 있었으나 당사자들이 좋다고 하는데 다른 방도가 없어서 그 이튿날 미국에서 나온 온 가족 그러니 양 부모님과 동생도 의사라고 하는 데 미혼인 그 동생과 네 분이 오셨으며 나도 나와 아내 그리고 딸과 함께 만나게 되었습니다.

이미 아내와 딸이 전날에 허락이 되었는지라 할 말도 없이 딸을 미국이라는 곳으로 결혼시켜 보내는 일에 하는 수없이 허락을 하게 되었습니다.

월요일에 아내와 딸이 만나게 되었으며 화요일엔 나와 함께 만나게 되었는데 미국에서 또다시 나올 수 없다고 하면서 약혼을 해야 된다고 하여 목요일에 약혼 날 자를 받게 되었으니 그야말로 순식간에 일들이 진행 되어 나가게 되었습니다.

나의 친지들에겐 연락도 하지를 못한 채로 약혼식을 거행하게 되었으며 앞으로 결혼은 딸에가 미국 비자가 나오는 대로 결혼을 하기로 약조를 하게 되었습니다.

이젠 딸의 미국 비자를 받는 일만 남았으며 비자를 받는 것이 까다롭다고 하여 매우 염려를 하면서 사위될 사람의 가족들은 미국으로 돌아갔습니다.

나는 내가 잘 아는 여행사를 통하여 비자 신청을 하게 되었으며 비자 서류가 완료되기 무섭게 인터뷰 날짜가 정하여

져서 서울에 올라가게 되었습니다.

　나의 비자는 이미 캔슬이 되었기에 대사관에서 거절이 된 후 2년이 경과 되면 재신청을 할 수 있다고 하여 나와 딸과 함께 비자를 신청하게 되었습니다.

　나는 인터뷰를 위하여 그동안 내가 저술한 책 5권을 가지고 아내와 딸과 셋이서 서울에 있는 미 대사관에 가게 되었습니다.

　아내는 인터뷰 장소에 들어 갈수가 없어서 민원실에서 기다리게 하고 나와 딸이 인터뷰 장소인 2층에 올라가서 순서를 기다리게 되었는데 나의 순번은 앞에서 30여명이 기다리고 있었으며 나는 나의 순서를 기다리는 중 한국 사람이 인터뷰를 하기에 그곳에 가서 어떻게 하는지를 보자고 하면서 딸과 함께 그 사람 앞에 가서 의자에 앉아있는데 그 분의 위에 번호 표시가 나타나는데 나의 번호가 나오는 것이었습니다.

　전광판에 나온 번호는 분명히 내 번호였으나 아직 내 차례가 되기까지는 까마득히 멀었기에 아니라고 하였더니 조금 후엔 스피커로 내 번호를 불렀습니다.

　내 앞엔 아직 30여명이 남아있는 상태였는데 반신 반의 하면서 딸과 함께 그분에게 갔더니 나와 나의 딸의 번호가 맞는 것이었습니다.

그리고 과거에 나의 비자가 거절된 것이 컴퓨터 입력이 되었던지 나에게 먼저 번에는 전산처리가 잘못 인식이 되었으므로 켄슬이 되었노라고 하면서 대단히 죄송하게 생각합니다. 라고 하면서 딸과 함께 미국엘 가는 가고 물었습니다.

그렇다고 말하면서 나의 저술한 책을 주겠노라고 하였더니 괜찮다고 하면서 잘 다녀오시라고 하면서 나에게도 10년 딸에게도 10년의 비자에 도장을 찍어 허락하는 것이었습니다.

정말 물어 보는 말도 없고 오히려 죄송하다고 하면서 딸의 이야기는 하지도 아니하면서 간단하게 10년이라는 비자를 그냥 허락해 주는 것이었습니다.

그것도 순서도 바꾸어 가면서 너무 쉽게 말도 몇 마디 하지 아니한 채로 허락이 되었습니다.

집에 가서 기다리면 곧 집으로 보내 주겠다고 하여 감사 인사를 하는 둥 마는 둥 하면서 어안이 벙벙하여 대사관을 나오는 동안 정말 이해가 되질 않았습니다.

오늘을 위하여 하나님께서는 나에게 미국 비자를 켄슬시켜 놓으셨다가 딸에 비자가 나오기가 어려우니 오늘 나의 딸 비자를 허락하시기 위하여 하나님께서 모든 것이 합력하여 선을 이루시는 놀라운 섭리를 깨달아 알게 하여 주셨습니다.

정말 하나님의 섭리는 인간으로서는 상상을 초월하며 하나님의 섭리하심에 감사하면서 찬양할 뿐이지 결코 하나님께 항의 하거나 불평할 일이 아닙니다.

나의 비자가 나오지 않게 된 그때는 나는 정말 기분이 별로 좋지 않았습니다.

시편 139편17-18절 말씀을 보면 "하나님이여 주의 생각이 내게 어찌 그리 보배로우신지요. 그 수가 어찌 그리 많은지요. 내가 세려고 할지라도 그 수가 모래보다 많 도소이다. 내가 깰 때에도 여전히 주와 함께 있나이다."라고 하였습니다.

하나님의 생각은 모두가 나의 유익을 위한 생각이시기 때문에 나에게는 보배롭고 하나님의 생각은 때로는 나와는 전혀 반대되는 생각일 때가 있어도 현실 때문에 낙망치 말아야 합니다.

나를 세밀하게 생각하여 주시는 하나님 감사합니다.

❧ 신기하신 하나님

그날 비자를 정말 생각지 못하게 수월하고 빠르게 순조롭게 받게 되어 일찍이 서울 역에 오니 마침 창원에 가는 열차가 있어서 열차를 타고 셋이서 이런 저런 이야길 하면서 또 하나님의 섭리하심에 감사드리면서 창원으로 오게 되었습니다.

막상 비자는 나왔으나 앞으로 딸의 결혼을 시켜야 하는데 결혼 비용이 만만치 않을 것이라고 생각을 하니 또다시 나는 여러 가지로 고민을 하게 되었으며 이런 저런 깊은 생각을 하다 보니 벌써 창원역에 도착하게 되었습니다.

이제 셋이서 집으로 들어오려고 택시를 탈까 시내 버스를 탈까 생각하면서 내려오는데 갑자기 뒤에서 "목사님"이라고 나를 부르는 소리가 들렸습니다.

돌아보니 우리 교회의 모 권사님이셨는데 나를 보자 마자 어디 가셨다가 오시는가고 물었습니다.

서울에 다녀오는 길이라고 하였더니 권사님께서 시내 버스표가 여러 장이 있으니 함께 시내버스를 타고 가자고 하여 넷이서 시내버스를 타려고 하는데 권사님이 먼저 올라가서 자리를 잡아 주는 대로 나는 앞에 앉고 그 뒤에 권사님이 앉고 그 뒤엔 아내와 딸이 앉아서 창원으로 들어오게 되었습니다.

한참을 오는 중 권사님이 서울 왜 갔다가 오는가고 묻기에 딸의 비자 관계로 갔다가 오게 되었으며 비자는 나오게 되었노라고 하였습니다.

그랬더니 그럼 곧 결혼을 시켜야 되겠는데 어떻게 결혼을 위하여 비용은 준비되었느냐고 물었습니다.

나는 아무 준비도 안 되었노라고 했더니 그럼 어떻게 하시려 그러느냐고 하면서 얼마의 돈이 있어야 결혼을 시킬 수 있는가고 물었습니다.

나는 우선 2천만 원 정도는 있어야 우선 준비라도 할 텐데라고 푸념 섞인 말을 했습니다.

그 말이 떨어지기 무섭게 권사님이 목사님 계좌 번호를 나에게 알려 달라고 하였습니다.

나는 내가 아는 대로 시큰둥하면서 온라인 번호를 알려 주고 이런 저런 이야기를 하다가 보니 어느덧 창원에 오게 되어 헤어지게 되었습니다.

그날 밤 저녁 9시경에 권사님에게서 전화가 걸려오는데 목사님 통장에 2천만 원을 입금하여 두었으니 확인 하시고 결혼 준비를 하라고 하였습니다.

전화를 받고 아니 이게 무슨 꿈 같은 이야기이고 내가 지금 꿈을 꾸고 있는 것 같은 기분이었습니다.

멍하니 앉아 있으려니 아내가 왜 무슨 일이 있느냐고 물어 왔습니다.

나는 권사님의 이야기를 들려주었더니 아내도 깜짝 놀라면서 함께 세밀하게 섭리하시는 신기하신 하나님께 감사를 드리지 아니할 수가 없었습니다.

사도 바울께서는 고린도전서 10장13절에 "사람이 감당할 시험밖에는 너희에게 당한 것이 없나니 오직 하나님은 미쁘사 너희가 감당치 못할 시험 당함을 허락지 아니하시고 시험 당할 즈음에 또한 피할 길을 내사 너희로 능히 감당하게 하시느니라."고 하였습니다.

이스라엘 백성들이 40여년의 광야 생활도중에 하나님께서 그들을 낮에는 구름 기둥으로 낮에는 불기둥으로 인도 하셨지만 더욱 놀라운 것은 40년 동안 옷이 헤어 지지 않았습니다.

신명기 29장 5절에 "주께서 사십 년 동안 너희를 인도하여 광야를 통행케 하셨거니와 너희 몸의 옷이 낡지 아니하였고 너희 발의 신이 해어지지 아니 하였으며"라고 했습니다.

이는 어렸을 때와 장년이 되었는데 옷도 몸에 맞도록 커져 갔다는 이야기 이며 그들의 의복도 40 년 동안 입었어도 헤어지지 아니하였습니다.

또한 어렸을 때와 장년이 되었는데 신발도 발에 맞도록 커져 갔다는 말씀이며 그들의 신발이 40 년 동안 신고 광야 길을 걸었는데에도 헤어지지 않았습니다.

더욱이 어린아이로부터 시작하여 어른에 이르기 까지 발바닥이 부르트지 아니하였다고 하였습니다.

신명기 8장4절에 "이 사십년 동안에 네 의복이 해어지지 아니하였고 네 발이 부릍지 아니하였느니라." 라고 하신 이 말씀은 충격적이고 기적 중에 기적입니다.

주님께서는 친히 말씀하시기를 마태복음 10장30-31절에 "너희에게는 머리털까지 다 세신 바 되었나니 두려워하지 말라"라고 하셨는데 하나님의 신기하신 사랑과 섭리를 말씀하고 계십니다.

머리털의 수는 알아도 나에게 무슨 유익이 되는 것도 아니며 모른다고 하여 나에게 어떤 손해가 오는 것도 아닌데 즉 관심 밖의 일인 데에도 하나님께서는 성도의 관심 밖에 있는 일까지도 섭리하신다면 우리가 진정으로 깊은 관심을 가지고 있는 일이 있다면 하나님께서 외면하시겠습니까?

하나님의 놀라우신 사랑하심과 하나님의 놀라우신 섭리하심에 감사와 찬양을 올리지 아니할 수 없으며 두렵고 떨리는 마음으로 하나님을 섬겨야 합니다.

하나님을 믿고 섬기는 성도들은 항상 감사와 감격 속에서 주 하나님을 경외하며 섬겨야 합니다.

정말 할 수 없는 상황 속에서 하나님께서는 이상하게 아니 너무나 신비롭게 일들을 계획하시고 하나하나 완벽하게 이루어 나가시는 하나님이십니다.

이사야 55장 8절 말씀을 보면 "여호와의 말씀에 내 생각은 너희 생각과 다르며 내 길은 너희 길과 달라서"라고 말씀하셨습니다.

만일 우리가 믿는 하나님께서 우리들의 생각과 비슷한 조건을 가지고 계신 분이라면 친구가 될 수는 있어도 신앙의 대상은 될 수가 없는 것입니다.

즉 하나님께서 사람처럼 늙고 병들고 죽는다든지 생각하는 것이나 말하는 것이 인간처럼 유치하다고 한다면 우리의 하나님이 될 수도 없으며 신앙의 대상도 경외의 대상도 될 수가 없습니다.

하나님의 신비롭고 신기하신 하나님의 사랑하심과 은총을 늘 항상 기억하기만 하면 너무 기쁘고 두려움이 사라지며 변함없이 사랑으로 대하시는 하나님께 감사와 찬양을 돌려드리지 아니할 수가 없습니다.

순간순간마다 역사하시고 섭리하시는 하나님의 은총 속에서 딸아이의 결혼식도 올리게 되었으며 지금은 딸애는 아

들 둘과 딸 하나를 나아서 기르는 엄마가 되어있으며 사위
는 의사인지라 미국 클리블렌드에서 병원을 경영하고 있습
니다.

신기하신 하나님!

하나님을 찬양합니다.

하나님 경외합니다!

∞ 새 길이 교회 앞으로

오직 하나님의 은혜와 은총 속에서 이곳 안민동 산자락에 4000여 평의 땅을 매입하고 전원 교회를 시작하였을 때 큰 길에서 우리 교회로 들어오려는 소로가 있었는데 그 소로에서 20여 미터 정도 들어오면 자그마한 집 하나가 있었습니다.

하필이면 그 집 주인은 혼자사시는 남자분인데 술을 좋아하시는 분인지라 술을 먹지 아니하면 얌전하신 분이지만 술만 먹고 나면 아예 누구도 그분을 말릴 수 차 없는 그런 분이었습니다.

그분은 술을 먹지 아니하는 날이 별로 없는지라 그 분 땜에 교회로 오가는 길목에서 어떤 때에는 누워 있기도 하고 교회 오고 가시는 성도들에게 시비도 걸어서 항상 곤란한 지경에 처하기도 하였습니다.

속옷이랑 떡이랑 교회의 크고 작은 행사 때에는 반드시 그분에게 찾아가서 선물을 드리고 인사를 드려도 그때뿐이지 조금만 시간이 지나고 나면 또 이전처럼 똑같이 어려움을 주면서 괴롭혀 오므로 인하여 제법 고민 꺼리가 아닐 수 없었습니다.

목사님께 간다고 하면 막았던 길도 열어 주곤 하였으나 처음 오시는 분들에게는 상당히 골치 아픈 분임에는 틀림이 없었습니다.

교회 건물을 짓기 위하여 큰 차량이 오고가면 큰소릴 치면서 그 길이 자기 개인의 길 인양 누워서 못 다니게 하고 길을 막아서면서 오가는 차량의 기사에게 술값도 제법 요구하는 것으로 들려왔습니다.

그렇게 6개월 정도의 시간이 지나가는 동안에 우리 교회로서는 커다란 골칫거리로 어려움을 주면서 성도들과 나를 힘들게 하였습니다.

그런데 약 6개월 정도 지났을 때 측량사들이 그곳을 측량하기 시작하고 그 땅에 말목을 박아 놓기도 하면서 무슨 공사를 하는 것으로 보이기에 무슨 일인가 싶어서 물어 보았더니 우리 교회 들어오는 입구에는 2차선 도로가 나며 100여 미터 안으로는 안민 중학교가 들어온다는 이야기였습니다.

얼마나 기쁘고 감사하였던지 몇 번이고 확인하고 또 확인하면서 묻고 또 물었습니다.

그런데 막상 공사가 시작되고 나니 술잘 드시는 그분이 이젠 더욱 팔을 걷어 올리고는 학교 공사를 방해하며 소리소리 지르면서 훼방을 하였습니다.

우리 교회에 다니시는 성도들에게 방해하는 것은 게임이 아니 되리만큼 술을 더욱 많이 먹었던지 얼마나 심하게 밤낮으로 차량이 통행하지 못하도록 눕기도 하고 행패를 부리기가 일쑤였습니다.

이젠 우리 교회와는 아예 상관이 없었으며 학교 건물을 짓기 위한 교육 당국과의 소위 자그마한 전쟁이 오고가기에 우리는 이제 구경하는 것으로 입장이 뒤 바뀌어 버리고 말았습니다.

보다 못한 교육당국에서는 그분을 고소를 하였던지 어느 날인가 그분이 보이질 아니하더니만 지금까지 그분을 보지 못하였습니다.

그리고 빨리도 건축이 시작되고 진행되더니 1년도 안되어 안민 중학교는 완공이 되더니 곧이어 학생들이 오가는 제법 큰 중학교가 세워지게 되었습니다.

이젠 중학교 까지는 얼마의 거리는 되지 아니하여도 2차선이 아스팔트로 포장되어 있고 길을 막던 그분은 어디로 가셨는지 아무도 모르고 그 집은 아예 높은 울타리로 쌓여 있어서 아무도 모를 뿐만 아니라 이젠 교회로 다니는데 아무런 신경 쓸 일도 없으며 길을 막는 일도 없어 졌으니 얼마나 감사한지 모르겠습니다.

2013년도부터는 우리 교회 입구에서 200여 미터 아래는 마창 대교에서 부산 가는 제2의 불모 산 터널이 개통되어 4차선 국도가 시원스럽게 길이 났습니다.

그 길을 설계하는 설계사가 우리교회에 와서 나에게 부탁하기를 교회 아래쪽에 인터체인지가 나면 어떻겠느냐고 하기에 쾌히 승낙을 하게 되었으며 다만 우리 교회로 오는 길에 큰 길이 나면 박스 두 개를 넣어서 2차선의 도로를 만들어 주겠다고 하였으며 대형 버스도 다닐 수 있는 박스를 만들겠다고 약속을 하면서 설계 초안을 하는 것을 보여 주었습니다.

물론 여기에도 하나님께서 도움을 주시어서 모 교회의 장로님이 시청에 근무하시면 강하게 어필하시어 계획대로 일들이 추진 되게 되었습니다.

그길로 오고 가는 길에는 두 개의 인터체인지가 생기게 되었는데 인터체인지 간격은 약 1키로 남짓하여 마산서 올 때는 시청 방향으로 들어오는 인터체인지로 부산서 올 때는 진해 방향으로 들어오는 인터체인지를 이용하시어 우리 교회로 오게 되어 있는데 이 역시 얼마나 감사한 일인지 모르겠습니다.

또한 우리 교회로 올라오는 길은 소로였으며 올라오는 왼쪽길 가에는 대나무 숲이 우거져 있어서 어두운 밤이라든지 비가 오는 어두컴컴한 날씨에는 왠지 모르게 기분이 별로 좋지 아니하였습니다.

　바람이 부는 날에는 대나무들이 서로 부 벼대는 소리가 기분 좋은 소리는 아니었으며 비가 많이 오는 날에는 대나무가 비의 무게를 견디지 못하여 비스듬히 누워 있어서 차량이 다니는 소로였으므로 제법 차에 신경을 써야 할 정도였으며 오가는 분들의 이야기로는 으스스한 기분이 들어서 오가는데 별로 좋지 않다는 이야기를 듣기도 하였습니다.

　그러나 맑은 낮의 길에는 대나무 숲을 지날 때는 운치도 있고 자연을 헤 치고 나가는듯한 기분이 있어서 언제나 나쁜 길만은 아니었으며 기분이 참으로 좋을 때도 많은 그런 길이었습니다.

　그런데 4차선 대로가 나면서 그 대나무 숲은 없어지다시피 하여 별로 신경 쓸 일이 없어지게 되었으며 대형 버스가 다닐 수 있는 두 개의 박스가 놓여있어서 이전에 있었던 그 일들은 이제 옛날이야기가 되어버리고 말았습니다.

　그리고 교회로 올라오는 길에는 200여 미터 남짓한 거리는 아예 2차선 도로가 시원스럽게 나게 되어 있어서 오르내리는데 참으로 좋아졌습니다.

　금년엔 폭우가 쏟아 졌을 때에 흙과 돌이 박스 안 (굴)에 제법 많이 길에 깔리게 되었는데 도로 공사에서 말끔히 치워 주기도하였습니다.

이 길은 도로공사에서 관심을 가져 주기도 하였으며 또한 흙으로 뒤덮인 길에는 물로 그 길바닥을 깨끗이 씻어 주기도 하여 얼마나 감사한지 모르겠습니다.

내가 병원에서 처음 첫 예배를 드리려고 두 달 반 만에 교회로 올 때에는 그 길이 완전히 포장이 되어 있었으며 준공도 난 상태였으므로 이 역시 하나님께 얼마나 감사하였는지 모릅니다.

병원에 입원하기 직전까지만 하여도 공사가 한창 진행되던 때였으므로 오르내리는 길이 비포장 도로로 다니기가 참으로 니빴었는데 첫 예배드리려고 올 때에는 아예 말끔히 포장이 되어 있었습니다.

나는 아직 퇴원하지 못하고 치료 받는 중이었으므로 예배를 드린 후에는 다시 병원에 입원하는 상태였기에 아픈 몸으로 교회에 와서 예배를 드리고 가면서 장로님들께 어눌한 말이었으나 부탁한 것이 있었습니다.

그것은 시원스럽게 포장되어 교회로 올라오는 양길 가에 코스모스 씨를 뿌려 놓으면 가을이 되면 양 길가에 코스모스가 아름답게 피어 날것 이라고 하면서 코스모스 씨앗을 사서 뿌려 달라고 부탁을 하였습니다.

장로님들이 얼마 지나지 아니하여 코스모스 씨앗을 양 길가에 많이 뿌려 놓았다고 하였습니다.

지금은 전원교회로 올라오는 양길 가에는 코스모스가 아름답게 피어있어서 참으로 아름답습니다.

아마도 내년에는 온통 양길 가에는 코스모스로 뒤 덮일 것 같은 마음이 들기도 합니다.

정말 없는 길을 하나님께서는 새 길을 만들어 주신 하나님이십니다.

안민 중학교가 들어오기 전에 괴롭히던 그 분은 지금까지 행방을 모르겠으며 이젠 우리 교회를 찾으시는 분들에게 안민 중학교를 찾아오시면 된다고 하였으나 이젠 네비게이션에 우리교회 이름만 쳐놓아도 우리 교회까지 안내하고 있어서 신기하기도 합니다.

우리 교회당에서 고속도로를 가려면 마창 대교를 지나면 남해고속도로나 중앙 고속도로를 가게 되었으며 통영으로 부산으로 마음대로 갈 수 있는 길이 잘 닦여 있어서 얼마나 감사한지 모르겠습니다.

세상적인 길도 하나님 마음대로 열어 놓으시기도 하시는 하나님이시기에 우리의 가는 인생길이 아무리 어두워도 겁낼 것 없습니다.

하나님께서 완벽하게 하나님의 뜻하신 대로 하나님의 방법대로 새 길을 만드시는 하나님이십니다.

나는 실수하고 넘어지고 아득한 길 가는 것 같아도 하나님께서는 모든 것이 합력하여 선을 이루어 가시며 완벽하게 새 길 만드신 그 길로 우리를 인도하시고 계시기 때문에 오직 하나님만 신뢰하고 찬양하고 감사하면서 따라가는 삶이면 됩니다.

오늘도 변함없으신 하나님! 새 길 만드신 하나님! 인간의 계획이 아니라 하나님께서 우리를 향한 보배로운 생각으로 하나님의 계획하신 대로 뜻하신 대로 완벽하게 새 길을 만드신 하나님! 새 길로 인도하시는 하나님께만 소망을 두고 굳게 신뢰하면서 한걸음 한걸음씩 믿음으로 전진해야 합니다.

새 길 만드시고 인도하시는 하나님 감사합니다.

이 모든 일들을 하나님께서 계획하시고 하나님께서 일하시고 계시며 언제나 나와 함께하시는 하나님이 계시기에 아무 염려할 것 없습니다.

새 길 만드신 하나님 감사합니다.

현재의 나의 가는 길이 어둡다고 하여도 결코 낙담하거나 원망하지 말고 불평하지 말며 후회도 하지 말고 오직 새 길 만드시는 하나님께 영광을 돌려 드리고 감사와 감격 속에서 오늘도 신비한 체험 속에서 신앙으로 앞으로 계속 나아갑시다.

새 길 만드시는 하나님을 찬양합니다.

❧ 주 하나님 사랑합니다.

매 순간순간 마다 하나님께서 신비롭게 인도하시며 섭리하시며 은혜 베풀어 주시는 하나님께 감사와 찬양을 올려 드립니다.

죽음의 사선을 넘나들던 나에게 하나님께서 특별하신 은혜를 베푸시어 99퍼센트가 안 된다고 하였다는데 하나님께서 나를 살려 주셨을 뿐만 아니라 신비스러운 체험도 하게 하시고 가장 힘들어 하였던 어려운 난 문제도 하나님께서 시원스럽게 그리고 완벽하게 해결하여 주신 하나님이셨습니다.

나는 병원에서 퇴원한 후에 하나님의 은혜와 넘치는 그 크신 사랑을 생각하면 할수록 가슴이 미어지는 듯이 감사와 감격이 넘쳐흘렀습니다.

홀로 기도하는 시간에는 더욱 심하였으며 아내와 함께 드리는 가정예배 시간에도 그러하였으며 교회에서 드리는 예배시간에 설교와 기도하다가도 울게 되었는데 퇴원 후에 한 달에 한 번씩 병원에 가서 체크를 하게 되어있었습니다.

나의 아내는 내가 하도 잘 울고 있으니 나에게 우울증 증상이라고 말하였으나 나는 아니라고 하나님의 은혜를 생각하면 할수록 그렇다고 하였는데 담당 의사에게 가서 우리 목사님이 우울증 증세가 있어서 계속하여 운다. 라고 하였습니다.

나는 아니라고 담당 의사에게 말을 하였지만 담당의사는 환자라고 나의 말은 믿지 아니하고 아내의 말을 믿고서는 원래 오랜 투병 생활을 하다가 보면 그럴 수도 있다고 하면서 나에게 주는 약에다가 우울증 치료제를 첨가하여 처방을 하여 주었습니다.

고달픈 인생길 걸어오는 동안 시시 때때로 함께하시면서 도움주시고 얽히고 설힌 어려운 문제들도 하나님의 방법대로 하나하나 해결하시며 나의 생각과는 전혀 다른 방법들이지만 하나님의 방법대로 도와 주셨던 하나님이 나와 함께 계시기에 두려움도 염려도 모두 나와 함께 동행 하시는 하나님께 맡기고 오직 감사와 찬양으로 하나님을 섬기기를 소원합니다.

하나님께서는 나에게 너무나 크고 감당할 수조차 없는 큰 은총을 베풀어 주셨습니다.

나의 부모님께서 사시는 곳은 충북 제천이었는데 경북 영주 역에서 옛날 증기 기관차를 타고 제천으로 오는 길에는 풍기 역을 지나면 죽령재가 있는데 소백산의 높은 산에 터널을 뚫어서 열차가 올라오는 그 철로 길을 일명 따 배 굴이라고 합니다.

그것은 깊은 굴을 뚫을 때에 뱀이 동아리를 틀고 있는듯하다 하여 굴속에서 빙 둘러서 올라오는 길이기에 그런 별명이 붙었다고 합니다.

옛날 증기 기관차에는 연탄으로 불을 지펴서 물을 끓여서 뜨거운 수증기로 기관을 움직이게 하므로 기관차 바로 뒷칸에는 연탄이 가득 실고 다녔습니다.

기관사들은 계속 연탄을 집어넣어서 불이 꺼지지 않게 불을 지펴야 되므로 언제나 증기기관차 머리 위에는 커다란 연통이 달려 있고 연통 위로 연탄 타는 시꺼먼 연기가 항상 치솟아 오르고 있습니다.

죽령 굴을 올라오는 증기기관차는 풍기 역에서 단단히 준비를 하고 죽령 터널을 올라오는데 겨울에는 덜하지만 여름에는 그때 당시 열차에는 천장에 달아놓은 선풍기가 계속 돌아가면서 더위를 식혀주는데 굴속에서는 창문도 열수 없어서 선풍기만 돌아가고 터널이 닦아오면 열어 두었던 차창문을 덜꺽 덜꺽 여기저기서 문 닫는 소리가 납니다.

짧은 굴임에도 반드시 문을 닫아야 하는데 만약 열어 두게 되면 기관차 굴뚝에서 시커먼 연탄 타는 연기가 객실로 들어오면 가스로 질식할 수도 있으며 검은 연기로 인하여 얼

굴과 흰옷은 온통 검은 연기로 뒤 덮 여서 옷을 버리기가
일수입니다.

　그런데 죽령 굴은 우리나라에서 최장 길이의 굴이였으니
그것도 올라오는 길이었으니 기관차 하나가 끌고 올라오다
가 중간 쯤 해서 힘이 부치게 되면 다시 뒤로 내려가서 풍기
역 까지 내려가기가 일수였습니다.

　그리고 한두 번 정도 시도하다가 안 되면 앞뒤에서 기관
차가 당기고 밀고 하여 그 죽령 터널을 나오면 단양역이 나
오게 되는데 단양 역에 오면서 보면 사람들이 서로 얼굴을
보고 웃습니다.

　대부분 사람들이 매연으로 인하여 옷도 검어지고 얼굴도
그만 검어진 모습을 보기 때문입니다.

　이런 터널을 지날 때에는 반드시 차창문은 덥더라도 꼭
닫아야 하고 끝까지 참고 기다려야 합니다.

　열차가 한두 번 시도하다가 안 될 것 같다고 터널을 나갈
수 없을 것 다고 스스로 생각하여 기나긴 터널에서 그만 포
기하고 내려버리는 사람은 어리석은 사람이며 미련하고 실
패하는 사람입니다.

　너무나 덥다고 나만 시원해야겠다고 차창 문을 열어 버
리면 연탄가스로 인하여 함께 타고 있는 많은 승객들에게 심
한 고통을 주게 되는 것입니다.

조금 덥더라도 참기 어렵더라고 차 창문을 열지 말고 견디기 어렵더라도 뛰어 내리지 말고 증기 기관사들을 믿고 조금만 참고 기다리면 검은 연기로 가득 찬 터널을 나오게 됩니다.

그리고 맑은 공기를 마시게 되고 밝은 태양을 보게 되기 때문에 그것을 기다리고 참아야 합니다.

그리고 그 열차를 운전하는 기관사들은 아마도 더한층 고생을 할 것이라고 생각을 합니다.

승객들은 그냥 가만히 타고 있기만 하고 좀 힘들고 덥고 가스 냄새가 난다고는 하지만 조금만 참고 있으면 되지만 기관사들은 어두운 터널에서 기관차가 힘에 부칠 때에는 더욱 연탄을 많이 넣으면서 열이 많이 나게 하려면 그러지 않아도 더울 터인데 얼마나 덥고 힘들고 얼마나 그 뜨거운 데서 고생을 하겠습니까?

인생의 참된 기관사는 하나님이십니다.

하나님께서 나의 가는 그 길을 아시고 함께 계시면서 인도하시고 계시기에 막막하다고 말해서도 아니 되고 인생길 힘들다고 포기하여서도 안 됩니다.

시편 139편 1-5절 말씀을 보면 " 여호와여 주께서 나를 살펴보셨으므로 나를 아시나이다. 주께서 내가 앉고 일어섬을 아시고 멀리서도 나의 생각을 밝히 아시 오며 나의 모든 길과 내가 눕는 것을 살펴보셨으므로 나의 모든 행위를 익히 아시오니 여호와여 내 혀의 말을 알지 못하시는 것이 하나도 없으시니이다. 주께서 나의 앞뒤를 둘러싸시고 내게 안수하셨나이다."라고 시인은 고백하였습니다.

나를 정확하게 알고 계시는 분은 하나님이십니다.

나의 약한 부분도 나의 모자라는 부분도 나의 장점과 단점도 하나님은 모두 알고 계시기 때문에 나의 모든 것을 하나님께 맡기고 신뢰하고 소망을 두고 인생길 즐거움으로 걸어가야 하는 것입니다.

나와 함께 하시면서 나의 길 정확하게 알고 계시기에 하나님께서는 시행착오도 없으신 전지하신 하나님께서 나의 인생의 기관차를 운전하시고 계시기에 너무나 감사하고 실수하지 아니하시는 하나님께 찬양과 영광을 돌려드리면서 신앙의 길을 걸어갑시다.

나의 길 인도하시는 하나님 감사합니다.

내 인생의 기관사가 되신 하나님 감사합니다.

실수하지 아니하시는 하나님 감사합니다.

❧   아름다운 창원 전원교회

나와 우리 성도들이 창원 전원교회를 개척할 때에 처음 세운 교회의 영구적인 표어가 있습니다.

"여호와를 인하여 즐거워하는 교회"라는 것입니다.

구약의 하박국 선지자가 하나님께 묻기를 어찌하여 악인들이 잘되고 의인들이 고난을 당하는 것에 대하여 의문이 되어 물었는데 하나님께서는 의인의 고난도 잠깐이고 악인의 번성도 잠깐이라고 말씀하셨습니다.

그 때에 하박국 선지자는 왜 잠깐이라도 악인에게는 번성케 하시고 의인에게는 잠깐만이라도 고난을 주는가에 대하여 재차 질문하게 됩니다.

이에 대하여 하나님께서는 의인은 이 땅에서의 번영과 성공과 출세로 인하여 사는 것이 아니고 믿음으로 산다고 하였습니다.

그때에 하박국 선지자가 고백하기를 하박국 3장 17-18절에 "비록 무화과나무가 무성하지 못하며 감람나무에 소출이 없으며 밭에 먹을 것이 없으며 우리에 양이 없으며 외양간에 소가 없을지라도 나는 여호와를 인하여 즐거워하며 나의 구원의 하나님으로 말미암아 기뻐하리로다." 라는 이 고백은 하박국 선지자의 신앙고백이기도 합니다.

이 신앙고백을 우리 교회에서는 영구적인 표어로 매년 바뀌지도 아니하며 항상 "여호와를 인하여 즐거워 하는 교회"라고 하였습니다.

이러한 표어를 걸고 지금까지 성도들과 함께 즐겁게 하나님을 섬기고 있습니다.

창원 전원 교회를 가꾸면서 여러 가지 하나님의 도우심을 체험했던 일들이 많았습니다.

우리 교회 경계가 되는 곳에는 조그마한 돌들로 돌담을 쌓아 두었는데 이는 원래 과수원 주인이 되시는 연세 많으신 할아버지가 30여년을 두고 가꾸어 오면서 쌓아 올린 돌담인데 과수원 전체가 돌담으로 쌓여져 있어서 보는 이들이 신기해 하기도 하여 포즈를 취하여 가면서 사진을 많이 찍기도 합니다.

돌담으로 쌓여 있는 이곳은 제법 하나의 명물이 되기도 하여 꼭 제주도에 온 기분이 난다고들 합니다.

교회 부지를 살 때에 심겨져 있는 우리 교회의 과수원인 300여 그루의 단감나무를 성도들이 즐거움으로 정성껏 가꾸어서 가을에 단감을 함께 딴 후에는 가져가고 싶은 대로 성도들이 가져가기도 합니다.

또한 산에서 흐르는 자연수로 연못을 만들어서 금붕어들과 많은 고기들이 수영을 합니다.

드넓은 잔디밭에서는 우리교회에서 자그마한 체육대회도 할 수 있게 되어있으며 주일학교 어린이들이 여름에는 수영을 할 수 있도록 조그마한 수영장도 하나 만들어 두기도 하였습니다.

이제 봄이 되면 벚꽃나무가 엄청 커서 울창한 숲을 이루어가면서 아름다운 꽃이 만발하기도 합니다.

봄에는 벚꽃의 아름다움도 교회 주위를 가득 차게 우거져 있으며 여름에는 온갖 나무들의 울창한 숲을 이루어 녹음이 짙어지게 되었습니다.

가을에는 단풍나무가 많이도 심겨있어서 아름답게 형형색깔로 물들어져서 더더욱 아름다운 경관을 더해 주며 예배 중에도 성도들은 유리로 되어 있는 바깥 전경을 보면서 예배를 드리기도 합니다.

넓고 넓은 곳에 자연석으로 조경을 꾸민 곳에는 연산 홍이 계속 꽃을 시샘 하는 듯이 피어나고 있으며 이른 봄에는 동백나무에서도 뒤질세라 아름답게 꽃을 피우고 있습니다.

처음에는 어린 나무들이었는데 이제는 너무 큰 나무들로 우거져서 울창한 숲을 이루어 가고 있는 정말 자연 속에서의 전원교회입니다.

주차장은 마음껏 주차할 수 있도록 넓은 공간을 확보하여 닦아두기도 하였습니다.

야외 강당은 이젠 울창한 숲을 이루어서 숲속에서의 시원함을 만끽하기도 합니다.

이렇게 자연속의 전원교회는 아름답게 가꾸어져 가고 있지만 더욱 아름다운 것은 성도들의 아름다운 신앙의 모습들입니다.

내가 병원에서 투병 생활하는 동안 온 성도들은 뜨거운 눈물로 기도하여 주셨으며 장로님들께서는 걱정을 하면서 우리 교회 목사님이 어떻게 되면 교회가 문을 닫게 될 거라고 하면서 정말 하나같이 교회를 위해 목사를 위해 염려하고 합심하여 기도함으로 하나가 된 교회의 아름다운 모습을 보여 주셨습니다.

이제 우리 교회에서는 성도가 앉는 의자도 새롭게 만들었으며 오래되어 퇴색이 되어버린 교회 외벽에는 우드 색으로 새로운 스틸을 붙여서 리모델링을 하여 아름답게 가꾸어 놓았습니다.

∝ 맺는 말

하나님의 은혜로 목회를 해 오는 동안 나에게는 힘들고도 어려운 여정이었으나 돌이켜 보면 전적인 하나님의 은혜요 은총이었습니다.

견디기 어려운 고난의 가시밭길을 걸어 갈 때도 많았으나 그 때마다 하나님께서는 나에게 유익하게 하여 주셨으며 고난당할 때에는 하나님께서 예비하여 놓으신 커다란 은총의 선물을 받게 되었습니다.

금번에 나는 말로 다할 수 없는 병마로 인하여 견딜 수도 없는 고통의 나날들을 보내 왔으나 이 고통의 나날들을 통하여 오히려 하나님께서는 나에게 신비로운 체험도 하게 하여 주셨으며 나에게는 감당할 수 조차 없는 놀라운 은총을 베풀어 주셨습니다.

하나님의 신비로운 일들은 어디에 비교할 수도 없으며 인간의 두뇌로서는 상상을 초월하는 일들은 하나님께서 베푸시는 새 길임에 틀림없습니다.

새 길을 만드시고 인도하시는 하나님의 섭리를 생각한다면 결코 인생은 두려울 것도 염려할 것도 없이 오직 하나님

의 긍휼하심을 바라보면서 완벽하게 도움 주시는 하나님만
을 신뢰하여야 합니다.

지나온 나의 인생 여정은 오직 하나님께서 함께하셨으
며 하나님께서 시시 때때로 간섭하시고 섭리하시며 인도하
여 주셨습니다.

험난한 고난의 길이라도 아니 보이지 않는 막연한 길에
처하였을 때에도 새 길 만드시는 하나님이 나와 함께하셨기
에 나는 목회자들이 말하는 성공자는 아니지만 오늘에 이르
게 되었습니다.

오직 하나님의 은혜로 이곳 까지 왔습니다.

어려웠던 일들도 많고 많았으나 그럴 때마다 주님께서
도와 주셨습니다.

(고후4:7-11) "우리가 이 보배를 질그릇에 가졌으니 이
는 능력의 심히 큰 것이 하나님께 있고 우리에게 있지 아니
함을 알게 하려 함이라 우리가 사방으로 우겨 쌈을 당하여
도 싸이지 아니하며 답답한 일을 당하여도 낙심하지 아니하
며 핍박을 받아도 버린바 되지 아니하며 거꾸러뜨림을 당하
여도 망하지 아니하고 우리가 항상 예수 죽인 것을 몸에 짊
어짐은 예수의 생명도 우리 몸에 나타나게 하려 함이라 우
리 산 자가 항상 예수를 위하여 죽음에 넘기움은 예수의 생

명이 또한 우리 죽을 육체에 나타나게 하려 함이니라."라고 하였습니다.

개척을 하고 어려운 가운데에서 목회를 하면서 이 세상을 살아가노라면 예상치 못하는 일들을 많이 당할 때가 있었는데 그 때엔 정말 길이 막혀 한치 앞도 보이질 않았습니다.

그러나 주님께서는 없는 그 길에 내가 걸어가야 할 그 길, 새 길을 만들어 주셨습니다.

"우리가 알거니와 하나님을 사랑하는 자 곧 그 뜻대로 부르심을 입은 자들에게는 모든 것이 합력하여 선을 이루느니라." (롬8:28)

막힌 길 열어 주시는 하나님을 사랑합니다.

없는 길 새 길 만드시는 하나님을 찬양합니다.

이 책을 읽는 모든 분들께 하나님의 은총이 함께하시길 기원합니다.

지금껏 나의 자랑이 있었다면 용서를 구합니다.

이 책을 읽으신
모든 분들께
감사를 드립니다.